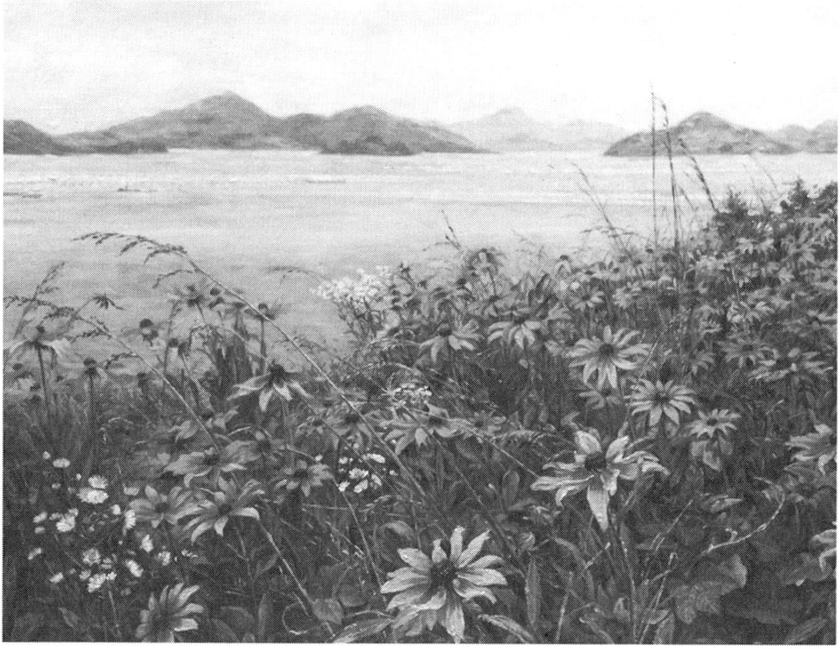

오늘의문학 특선시집 65

바람의 뜰

김 정 필 시집

오늘의
문학사

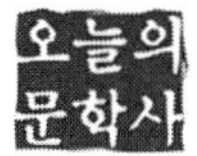

국립중앙도서관 출판예정도서목록(CIP)

바람의 뜰 : 김정필 시집 / 지은이: 김정필. -- 대전 : 오늘의문학사, 2018
p. ; cm. -- (오늘의문학 특선시집 : 65)

ISBN 978-89-5669-942-4 03810 : ₩12000

한국 현대시[韓國現代詩]

811.7-KDC6
895.715-DDC23 CIP2018029054

바람의 뜰

김정필 시집

서시

보아도 보지 못했던 것들이
어쩌다 희미하게 보일 때
들어도 듣지 못했던 것들이
어쩌다 어렴풋이 들릴 때

알지 못하는 세상
너무도 멀고 아득하여라

오랜 목마름

실낱처럼 얻은 작은 씨앗
가슴에 품고
물주고 거름 주어
나만의 꽃 한 송이 피우고 싶어라

책을 내면서

어느새 이순이 훌쩍 넘어버렸습니다.
그 중에 거의 절반, 남편의 부임지를 따라
이국 땅 이곳저곳을 옮겨 다니며
이삿짐을 수없이 싸고 풀었습니다.
그 때마다 이삿짐 보따리에 몰래 들어와 있던 그리움….

낯선 도시들, 다른 문화와 기후
그리고 사람들과 적응해가는 동안에도
그리움은 저를 보챘습니다.

공간과 시간을 넘나들며 머물던 곳
그곳에서 만났던 꽃, 새, 나무, 사람들
그리고 이별
그 속에서 느끼던 순간순간의 감동과 아픔들
오랜 시간이 흘렀음에도 내 삶에 찍혔던 점들이
사라지지 않고 머릿속을 맴돌았습니다.

혼자 껴안고 지니기에는 너무 무거워
이제는 비우고 싶어
글로 남기는 것을 생각하게 되었습니다.

이제 큰 용기를 내어
그리움을 세상으로 떠나보내려 합니다.
그러나 조용히 살아온 것에 익숙한 내 삶이
뒤늦게 세상 밖으로 나가 흔들리는 것이 두렵기도 합니다.
또한 넋두리처럼 풀어놓은 글솜씨도 마음에 걸립니다.

제가 여기까지 올 수 있도록 격려를 아끼지 않은
친구 이선희에게 고마움을 전합니다.

날마다 그리운 사람, 어머니
내 그리움의 원천인 어머니 영전에
시 한 편 읽어드리고 싶습니다.

차 례

2부

차 례

3부

차 례

4부

1부
꽃바람이 웃던 날,
눈바람이 울던 날

별이 가슴에 와 박히고
달빛이 어루만지는 밤을 지나
햇빛 만나는 아침
뻐꾹뻐꾹 뻐꾹새 울음
푸른 숲을 채우면
나 여기 들꽃으로 쉬리라

복숭아꽃

새들도 가던 길 멈추고
눈바래기 하는
꽃물결이 곱기도 하다

닻별 내리는 밤에
눈부신 꽃들의 나비잠
달보드레한 꽃들의 숨소리

뒷산에서 소쩍새 울던 밤
달빛에 일렁이던 복숭아꽃이
너무 아름다워서 슬펐다는
그 사람은 지금 어디에 있을까

언니를 따라
밤바람 출렁이는 목척교를 건너
카바이트 등 헤아리며
야시장에서 사온 수밀도
하얗고 동그란 이마
지금은 고희를 넘긴 큰언니에게
내일은 안부를 전해야지

젖살 오른 고운 볼
수밀도 향기가 그리운
그래서 가물거리던 기억들마저
꽃처럼 시처럼
복숭아꽃 핀 날에

* 눈바래기 : 멀리 가지 않고 눈으로 마중한다는 뜻.
* 닻별 : 카시오페 별자리를 달리 이르는 말.
* 달보드레한 : 연하고 달콤한.

송화 가루

솔밭을 바삐 오가며
꿀벌처럼 온몸에
꽃가루 묻혀오시던 어머니

바람에 흩어지는 꽃가루
제삿날
다식판에
매화 국화 연꽃을 심으셨지

눈에서 꽃 피고
입에서 꽃이 지던
그 밤

송화 가루 분분히 날리는
이방 하늘에
그리움으로 맴도는 어머니

뻐꾹채

햇살 품고 꿈으로 자라
뻐꾹뻐꾹 뻐꾹새 울면
붉어지는 가슴

하늘 아래 땅 위
그리움 씨앗 묻은 자리에
자줏빛 꽃봉오리 흔들어
초원의 소리 들려주리

빗소리 바람소리에도
아픈 날이 있으니
슬픔일랑 개여울에 흘려보내고
뻐꾹새 노래 따라 부르리

별이 가슴에 와 박히고
달빛이 어루만지는 밤을 지나
햇빛 만나는 아침
뻐꾹뻐꾹 뻐꾹새 울음
푸른 숲을 채우면
나 여기 들꽃으로 쉬리라

배꽃 피는 밤에

상여집 그림자가 무서워
돌아가던 달님
은가비 다흰 꽃에 놀라
숨죽여 떨고 있다

달빛에 속살 담근 꽃들
그루잠 자는
산비알 배밭

찬바람 불면
달디 단 과즙을 채워
노란 등불로 매달릴 날을 위해

한겨울 보이지 않는 곳에서
빈틈없이 짜여진 시간을
힘겨운 배밀이로
피어올린 눈부신 꽃들

꽃물처럼 번지는 그리움
배꽃 닮은 언니를 찾아
바다를 건너는 밤에

* 은가비 : 은은한 가운데 빛을 발하다.
* 다휜 : 흰 눈꽃같이.
* 그루잠 : 깨었다가 다시 든 잠.

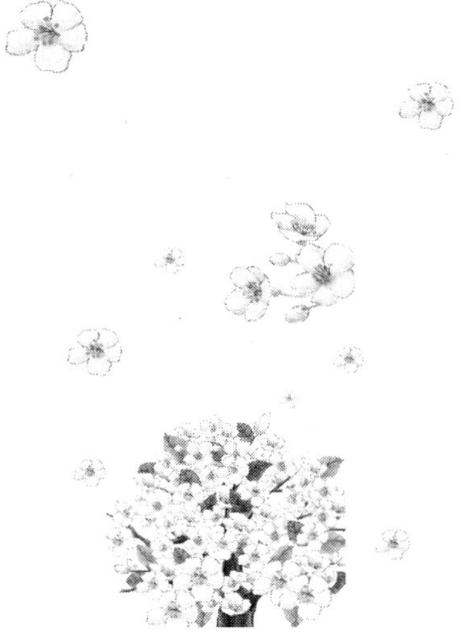

산딸기

작은 꽃의 바람만으로
우주의 소리를 듣고
하늘을 숨 쉴 수 있다면

작은 가슴을 날마다 이슬에 적시고
흩어지는 여린 꽃잎을 품어
꿈을 이룰 수 있다면

개울 물소리
산새 소리에
빨갛게 익어갈 수 있다면

구름밭 안개 속을 헤매며
밤하늘 별과 달은 몇 번이나 품었나
그 겨울 눈꽃은 얼마나 시렸나

온 산자락에 무수히 쏟아낸
인고의 씨앗들
부서지리라
부서지리라
살며시 너에게로 가서
알알이 부서지리라

상추

하늘 보고 이야기 하고
햇살로만 키워
이리 고운가

별을 보고 잠자고
이슬만 먹어
이리 맑은가

가슴 여린 여인의 상처처럼
살짝 건드리기만 해도
쉽게 부서지는 살

입안에 휘감겨 오는
쌉쌀한 향기
온몸으로 스며들면

뽀얀 눈물의 마법
눈까풀에는 무거운 돌덩이 매달고
코에는 수레바퀴를 돌리지

천년초

천년을 불러 하늘에 닿으리
천년을 빌어 땅에 살어리

새벽이슬도
저녁노을도
신의 은총

비바람, 눈밭을 헤치고
불볕을 안아
꽃 피고 열매 맺으리

천년을 피고지고
천년을 피고지고…

꿈을 꾸는 천년은 깊어라
홀로 기다리는 천년은 멀어라

스치는 바람도
떠도는 구름도
나의 인연

가시로 자란 세월 내려놓고
물소리 새소리 듣고 싶어라

천년을 살고지고
천년을 살고지고…

연꽃

천년을 피어도
향기 날아가지 않고
단 한 번도
흐트러짐 없이 고와라
꽃 피기 전 씨앗 먼저 품어
꽃 지기 전에 연밥 영그네

우주 닮은 둥근 잎
물 한 방울도
소중히 받아 은구슬 만들고
길 잃은 개구리
징검다리 되어주네

깊은 진흙 뻘을 뻗어나가는
뿌리의 힘찬 기운
마디마디 이어
꽃과 잎 받쳐주네

부처의 가없는 자비
만다라꽃 활짝
꽃잎에 내 마음을 실어

연화대에 머물고 있을
어머니를 만나러 가고 싶어라

목화밭에서

햇빛을 아무리 꽉 깨물어도
터져 나오는 하얀 웃음

지천에 피어 풀풀 날리는 이곳
바람에 실려 오는 흑인 영가

밭에 씨앗을 심고 가꾸던
견우는 어디에 갔느냐
웃음을 따고 물레질하여
베를 짜던 직녀는 어디에 갔느냐

검은 대륙의 탯줄을 타고 온
견우와 직녀가
눈물의 사랑 엮던 무명천
하늘까지 가져가 은하수에 깔았느냐

아픔으로 하얗게 바랜 무명천
지금도 아늑하게
내 몸을 감싸고 있는데…

도라지꽃

밤새 별바라기 하고
오가는 바람에 흔들려
산비탈에서 피는 기품

남보라빛 초롱에
별빛 모아
밤 밝히는 눈밝음

새벽이슬로 세수하고
흩어지는 마음 모아
맑은 언어로 바치는 기도

어머니가 뒤란에 숨겨둔
해묵은 백도라지
막내딸 나이만큼 되었다고
귀히 여기셨는데
아픈 이웃이 약에 쓴다 하니
선뜻 내주시던 넓은 사랑

이승과 저승을 넘나드는 그리움
어머니 환생처럼 반가운 그대여

극락조(極樂鳥)꽃

두빛나래를 펼치고
비원을 담은 솟대로
비상하는 꽃이여

숨소리
바람소리도 멎을 듯
기도뿐인 고요
한울소리라도 들릴 듯 하구나

자신 닮은 꽃 보고
오색 깃털 흔들어
날갯짓 하는 극락조

극락은 어디에 있느냐
빛을 타고 하늘 끝까지 가면 되느냐
산을 넘고 강을 건너 서방정토로 가면 되느냐

네 이름에
꽃빛발에
극락을 짓고 있나니

나는 이미 극락에 와 있다

* 두빛나래 : 두 개의 빛나는 날개.
* 한울 : 우주.
* 꽃빛발 : 내뻗치는 꽃빛깔의 기운.

석류

길 잃은 별 하나
우연히 풋내기 가슴에 스며들어와
알알이 박아놓은 꿈

하늘과 땅의 사랑
일월과 성신의 세월
바람과 나무와 새의 노래
그 사랑의 뜰에서 영글던 인연들

이제 살며시 열어 보여주는
네 가슴속 가득
빛나는 모정의 낟알들

다음 여름
별 총총히 뜨는
건곤(乾坤)의 큰 사랑 알기에
알알이 다 비우고
가뿐히 떠나는 너의 마음

그 이별이 떨구고 간
빈터도 외롭지 않아

산국화

하루를 몰고 가는 노을이
이별을 서두르는 지금
꽃숲이 마구 흔들리는 건
바람으로 떠나기 위함이라

된바람에 진저리를 치고도
떠나지 못함은
아직 사랑이 끝나지 않았음이야

온 몸을 풀어 흐느끼는 생명들
제자리로 돌아갈 때까지
아픈 이들의 응어리 풀어질 때까지
언덕배기 노랗게 덮은 향기
된서리에 녹는 날까지 남아 있음이야

이별의 시간에
더 빛나는 너
나는 네가 들꽃이어서 더 좋아

서리꽃

칼날 같은 바람으로
달빛마저 흔들리던 밤이었네

누가 다녀갔기에
별사탕이 사각사각 부서질 듯
솜사탕이 사르르 얼어붙은 듯
하얀 꽃들 유리창에
마구마구 심어놓았네

그리운 이름도 새겨 보고
얼굴도 그려 보고
이름 한번 불러보는데…

뜨거운 입김으로
어느새 눈물로 녹아
빙점의 시간이 비껴가면
더 머물지 못하고 사라지는
서러운 꽃이여

블루검 나무

날마다 묵은 살 벗겨내고
푸른 새 살로
아침 이슬에 젖어 우는 나무여

그대 젖은 몸 일렁여
뿜어내는 박하향기 비누향기

세상 번뇌에 병든 오장 육부 씻게 하고
욕심으로 엉키어진 피 걸러내는
그대가 나는 좋아라

멀리 멀리
비워내도
아침이면 다시 채워지는
그대 향기
나는 행복하여라

* 블루검 나무(Blue Gum Tree) : 호주가 원산지로 고온의 건조한 지역에서 자라는 나무로 습하거나 바람이 불면 향기가 날린다.

소나무와 호박(琥珀)

솔버덩 천년의 솔
긴 세월 안으로만 녹인 고통
생살을 뚫는다

차마 눈물방울로도 떨어지지 못하고
응어리로 커져
바람이 실어오는 티끌도
제 발로 찾아든 개미도 껴안고…

비바람의 이끼를 이길 수 없어
누워버린 솔
그제야 눈물 떨어뜨려
또 다른 천년을 꿈꾼다

해탈한 부처님 사리처럼
천년 기도로 핀 우담바라 꽃처럼
인고의 시간이 빚어낸 노란 화석꽃

여인의 손가락, 가슴에 자리하고
은은한 솔향기에 실려 오는
천년 저 너머의 세월

바오밥 나무(Baobab Tree)

드높은 하늘을 향한 기도와
자유로운 꿈이 없었다면
늠름한 기상으로 서있지 못했을 것이다

은하를 품지 않고는
열매 속에 무수한 씨앗을 채우지 못했을 것이다
어린 왕자가 두려워했던
억세고 질긴 생명의 씨앗을

살아온 세월만큼
바람에 울지 않고는
가장 소중한 속살을 비워
가난한 이들의 쉼터로 내어주지 못했을 것이다

사바나의 폭염에 앓지 않고는
타는 불속에 살아남지 못했을 것이다
목마름을 이겨내는 불사목(不死木)으로

아픈 상처를 껴안고 야성으로 크는 나무
오늘 밤에도 들린다
하얀 꽃이 박쥐를 부르는 소리

가시나무(Thorn Tree)

날마다 찾아오는 가시나무새에겐
나뭇가지에 청사초롱 걸어놓고
새끼 키워내는 안식처

땅에도 별이 뜨고
하늘에도 별이 뜨는 지평선
하늘과 땅을 나누는 깃대

푸른 밤 덮고 자는 초원
나뭇가지에 걸어둔 별
먹이를 찾아 헤매는 짐승들의 등대

더위에 지친 풀들이 앓아누울 때
가지를 펼쳐 만든 그늘
짐승들 시름 풀어내는 쉼터

밤새 이슬 먹여 키운 작은 잎새
배고픈 짐승에게 자기 몸
기꺼이 내어주는 어머니의 사랑

힘든 하루를 마중하는 새벽
밤을 툭툭 털고 일어난 사막의 성자는
맨몸으로 뜨겁게 뜨겁게
사막을 지키고 있다

* 가시나무(Thorn Tree) : 사막지역과 사바나에서 자생하고 있는 아카시아 나무의 한 종류.

거북이

해변의 모래 산을 넘어
은밀한 곳을 찾아가는
만삭의 거북이

작은 날개손이 아프도록
꾸민 산실에서
달을 품은 바다와 함께
산고를 치른다

달은 파도에 실려 살을 쪼개고
거북은 깊은 자궁 속에서
뽀얀 알을 무수히 뽑아낸다

알 하나하나에 스며든 사랑이
파고를 높이는데
새끼를 두고 떠나는
어미의 발걸음이 더디다
눈물에 젖은 모래들 땜에

먼 후일 바다 속 어디쯤에서
새끼를 만나면 알아볼 수 있을까

그래도 다시 사랑을 할 테지
천 년을 살아가는 업 때문에

이월

매운바람이 나무에 걸터앉아
오락가락 춤을 추고
진눈개비 진종일 흩뿌려도

나뭇가지 끝에는
바쁜 실핏줄

겨울 끝자락을 깔고 앉은 겨울이
숨어 엿보는 봄을
아무리 밀어내도

강물의 석얼음 녹이며
자맥질하는 오리떼

이미 바람은 들었느니라
모두 흔들리고 물기 머금은 것을

* 석얼음 : 물위에 떠있는 얼음.

봄

떨리고야 말
기어코 떨리고야 말
네 가슴 속 깊은 울음소리

빛으로
감겨와
햇살로 퍼지는 기도

끌어안아도
힘껏 끌어안아도
넘치는 힘

감추어도
깊이 감추어도
터져 나오는 사랑

멈추고 싶어도
잠시 멈추고 싶어도
흔들리는 세상이여

사월

빛으로 와서
빛깔로 익어가는 나날들
빛 고운 축복이 사방에 퍼져
흔들리지 않는 것이 없네

옹알이로 터져 나와
무지개 빛깔로 여물어
숲으로 들로 뜀박질하는 시간

눈설레
소소리 바람이 키운 그리움
새들이 포롱포롱 하늘을 날고
한 줄기 바람에도 설레는 꽃

잎새달이야
한껏 빛나는 세상
몸으로 빛으로
줄줄이 풀어내네

* 눈설레 : 눈발이 자꾸 날리는 현상.
* 소소리 바람 : 이른 봄에 살 속을 기어드는 듯이 매섭고 찬바람.
* 잎새달 : 사월.

밤안개

밤안개가
술 한 잔 마신
술렁거림으로 내게 온다
함께 몽롱해지고 싶어질 때
도시는 흥청거리기 시작한다

뿌연 장막으로 아무리 감추어도
불빛은 새어나오고
그 사이로 희미한 사람들 모습이 흔들리고
가로등 불빛도 흔들리고
도시의 소음들마저도 흔들린다

이렇게 흔들린 채
밤안개를 홀짝홀짝 마시며
몇 밤을 지내고 싶다

밤안개로 모두가 취하는 밤이면
꼭꼭 닫아걸었던 마음이 스르르 열려
실없이 말도 걸고
헤픈 웃음도 날릴 수 있기에

오월

빛살치는 대지위에
온 몸을 흔들어
제 이름을 외치고 있는 모든 생명들

정다운 새소리
간들바람 껴안은
초록 물결 따라 수런대는 꽃들
풀향기 꽃향기 가득하여라

너무 맑아서
너무 밝아서
너무 고와서
가슴이 울어라

아픈 시간을 견딘
사랑을 먹고야
꿈이 자라는 것을

사랑아
바람타고
멀리멀리 퍼져라

꿈아
햇빛에 빛나
꼭꼭 영글어라

숨겨놓고 보내고 싶지 않은
푸른달아

* 푸른달 : 오월.

이 가을에

이 가을
나는 정말로 행복하였나니

늙지 않은 세월로는
이런 행복 가질 수 없기에
그 늙음에도 감사하였나니

솜털 같은 바람 한 점
이름 모를 들꽃 하나
작은 풀벌레 울음에도
감사의 기도 저절로 올렸나니

익어가는 가을이
처절하도록 아름다워
호사의 눈물 흘렸나니

소박한 꽃에서
옹골차고 야무진 조롱호박들
입 벌려 씨앗 날리는 솔방울
바람에 떨어져 보시하는
도토리 영근 마음

먼발치 사랑으로 익어가는
은행의 절제된 사랑
아름다운 눈물로 떨어진 낙엽에선
겸허한 소멸을 보았나니

이제 나도
마지막 이별일 때
모두 다 버리고 가는
순천의 도를 배워야지

가을

날마다
퍼 담아도
철철 넘치는 가을아

온 몸이 빛으로 부서져
땅 끝부터 하늘까지
불타고 있구나

꽃바람이 웃던 날
눈바람이 울던 밤
하늘 길 건너고 건너
별빛으로 태운 온몸을
다 내주고도 아파하지 않는구나

계곡 깊은 물소리
낮은 물줄기로 달려가는 그리움
땅보다 낮은 하늘이 일렁이고
나뭇잎 흔들리는 물살
달려가는 바람도 껴안고
철철 흘러가는 가을아

단풍

겹겹이 포개놓은 산마루마다
여울여울 번지는 불꽃

츠렁바위를 넘어
칼벼랑을 지나
물 맑은 계곡을 건너
빛 고운 비단치마로 덮은 산들레까지

어느새
길섶에도 푸실에도
노을처럼 타고 있네

태워도 태워도
사라지지 않고
풀잎에 하얀 이슬방울 맺히고
하늘에 기러기 울음소리 들리는 날
다시 불꽃으로 찾아올 그대여

* 츠렁바위 : 험하게 겹겹이 쌓인 큰 바위.
* 산들레 : 산의 언저리.
* 푸실 : 풀이 우거진 마을.

눈 내리는 밤

멀리 마을에선 붉은 꽃이 매달리고
나무에선 하얀 꽃봉오리가 피어나는 밤
가슴엔 눈꽃 같은 그리움이 내린다

달빛은 눈 속에 파묻히고
가까운 산도 아득하게 달아나
정든 골목도 낯설다

몇십 년 돌아누웠던 세월
한꺼번에 일어나
하얀 눈밭에 이름들을 찍어낸다

눈이 머리에 하얀 베일을 씌웠으니
지금은 그리운 이들을 위해 기도해야지
눈 내리는 밤에

신기루

하늘 끝도 땅 끝도
보이지 않는 거기
가시나무 신음하는 광야 저편
침묵으로 가라앉은 사막의 독백

세상을 가득 채운 빛과
타는 열기 속으로 한없이 달려가면
육체에 가두어진 영혼이
피안으로 갈 수 있을까

하늘과 구름 그리고 나무가
잠긴 호수에
어른거리는 물결

다가가면
자꾸만 뒷걸음치는 호수에
찾아온 목마른 짐승
깊이 잠들어 있네

허리케인(Hurricane)

구름 한 점, 바람 한 점 없는
적멸의 고요
폭풍전야 두려움이 더해간다

대서양을 건너
키웨스트 섬들을 따라
마이애미까지 달려온
분별 잃은 바람
산 같은 분노로 달려드는 파도

바람이 새어들지 않게
꽉꽉 틀어막은 쇠 덧문에
부딪히는 바람소리, 빗소리

인간 세상 짓이기고
쳐부수고
날리고…
아, 아수라!

한바탕 허리케인이 밟고 간 자리
폐허의 아픔 남기는데

언제인양 웃는 얼굴로 다가오는
밝은 햇살
맑은 바람

* 허리케인(Hurricane) : 풍속이 최소 시속 119km에 달하며, 대서양에서 발생하는 열대 폭풍.
* 키웨스트(Key West) : 미국 플로리다 주 먼로 군에 위치한 도시이다. 플로리다키스 제도의 서쪽 끝에 있는 키웨스트 섬에 위치한다.

모래폭풍(Sand Storm)

바람이 핵폭발하듯
솟아오른 태산을 지고
미친 듯이 달려온다

황톳빛 안개 속
개기일식 같은 어둠
모든 것들이
흔들리고 헤매는 시간

숨을 곳을 찾지 못한 새들은
창문에 부리를 쪼아대고
풀들은 흙더미에 엎드렸다

폭풍 속에 갇힌 사람들
바람의 소리를 듣고
바람의 길을 알기에
흙모래가 사납게 매질해도
가던 길 그대로…
서두르지 않는다

순식간에 생긴 모래무지
바다에 내동댕이친 새집과 나뭇가지들
창문마다 추상화 그려놓고
사라진 모래폭풍

2부
그리움의 자리

사랑은 사무치는 외로움의
시간이어라
긴 세월 묵히고 삭혀
그리움이 되었나니

뒤란에 가면 1

어머니 새벽잠을 훔쳐
세수한 장독대에 곰삭은 된장이
입맛 도는 밥상을 차렸다

골담초 샛노란 숲
벌은 가시에 올라 타
꽃의 신열을 달래주고
나비는 고운 옷자락을 마구 흔들어댔다

알이 차오르는 강낭콩 꼬투리
보랏빛 꽃을 털고 나온
가지 알맹이 아래서
바쁘게 조잘대던 참새
바람소리에 멀리 달아났다

어머니 가슴에 심은 꿈
여기서 익었구나
만삭이 된 호박은 누워 뒹굴고
하늘에 매달린 감
나무를 불태웠다

눈보라 아랑곳없이
찬물에 세수하고
그래도 부정 탈까
정화수에 가슴을 씻고 또 씻어
남의 나라 전쟁터에 간 아들에게
실어 보내는 기도소리

뒤란에 가면 2

지난 밤 별님 달님과 놀다
늦잠 자는 조약돌
어머니가 찬물로 깨워
해님에게 선을 보였다

어머니가 바느질 하다가
찔려 흘린 피
다 앵두나무에 달렸구나
꽃인가 하여 찾아온 나비
헛발질만 하였다

어머니 사랑으로 크는 초록마당
도라지 머위 딸기 자두나무
여치, 베짱이도 찾아와
사랑노래 길게 풀어놓았다

빨갛게 영글어가는 꽈리
비밀주머니 속에서
엿보는 쪽빛 하늘엔
고추잠자리가 수를 놓았다

대숲에 걸린 바람
울음으로 달려오면
객지에 나간 남편 행여 돌아올까
애타게 귀 기울이던
하얀 꽃가루 날리던 밤

뒤란에 가면 3

밤새 바람이 흩고 간
어지러운 자리
어머니가 곱게 빗질하여
돌 틈 사이 이끼마저 빛났다

매화꽃 까치발 들어
꽃소식 전하면
벌 나비 가쁜 숨 몰아
하늘 길을 열었다
바람에 쏟아지는 꽃눈개비

은구슬 받쳐 든
토란잎 그늘 사이로
숨바꼭질하는 실잠자리
풀 섶에 숨은 여치 불러
함께 놀자 보채면
개구리가 먼저 뛰어나왔다

사랑채 지붕에서 마실 온 하얀 박
꿈 쏟아낼 날을 기다리고
국화향기에

떠나지 못하는 벌 나비
먼 길 함께 가자고
서두르는 풀벌레 소리

달빛 내리는 긴긴 겨울밤
문창호지에 바람이 울면
객지에 나간 자식들
꼭꼭 숨겨온 그리움
다듬이질로 밀어내려
더 빨라지던 방망이 소리

어머니와 바느질

누에가 토해낸 하얀 비단실
타래실 풀어 꿈을 엮고
마음 심어 고운 명주를 짜는
그것은 어머니의 소망이었으리

사르르 잡히는 명주 잘라
작은 바늘로
한 땀 한 땀 바치는 정성
그것은 어머니의 기도였겠지

화로에 달군 인두로
섶, 고름, 마음까지 다스리는
그것은 어머니의 그리움이었을 터

포르르 빙그르르
명주옷 갖춰 입고
거울에 비춰진 어머니
그림같이 고운 자태여

어머니의 편지

그리움
먹을 갈아 삭이고

두꺼운 돋보기 너머
하얀 종이가 딸로 보였다는 어머니

붓으로 사랑을 꾹꾹
내려 쓴 글씨에
아직도 남아있는 아래아

지금도
조선 여인으로 사시는 어머니
언제나 물가에 내놓은 아이 같은 딸
걱정이, 당부가 빼곡하네

그 사랑 그리워
젖어드는 가슴
눈물방울로 꽃을 그려 답하네

사랑을 나르는 아이

유치원에서 갓 돌아온 다섯 살 아들
젖살이 남아 통통하고 마알간 볼에
묻어있는 흙먼지
바지 군데군데에는 장난의 얼룩들

호리병 속에서 튀어나오는 보물처럼
작은 주머니에서 나온
동그란 조약돌 하나

아들이 날마다 날라 주던
빨간 하트 모양의 씨앗, 나팔꽃 씨앗
타마린 열매, 팜나무 열매, 돌콩알,
닳고 닳은 조개껍질…

지금은 어른이 된 너
내가 아닌 다른 누군가에게
열심히 사랑을 날라 주겠지

아낌없이 나르는 너의 사랑
그치지 않기를

아기의 본능

바셀린 온통 온몸에 범벅질
물에 빠진 생쥐 모습
아무리 씻겨도 남아있던 미끄러움

화운데이션 한통
얼굴과 몸 하얗게 바르고
눈만 빠꼼히 가부끼 화장하고
좋아라 손뼉치던

립스틱으로 화장대 거울에
그림을 그려놓고
굽 높은 구두를 신고
핸드백 팔에 걸고
삐딱삐딱 걷고 있다

겨우 한 살 반도 안 된 아기
자신이 여자임을 아는
본능의 나침반

지금은 열아홉
서울의 기숙사에서
어떻게 지낼까

눈부처

오렴
가까이 오렴
너에게서 나를 보고 싶다
네 눈에서 나를 보고 싶다
네 눈에 꼬옥 담고 있는 나를 보고 싶다

오렴
가까이 오렴
나에게로 오렴
내 눈에 머물고 있는 너를 보렴
내 눈에 꼬옥 담고 있는 너를 보렴

영원한 쉼터

사랑의 언약도
행복의 다짐도
텅 빈 헛손질
영원한 침묵 속으로 사라져 버렸네

쓰라린 이별
흩뿌린 눈물 받아
새 흙이 올라오고
영혼은 바람으로 흩어졌네

이끼가 비석을 덮어도
아직 또렷한 이름

떠난 이와 남은 이
다시 슬픈 눈빛 나눌 때
묘비 위에 부는 바람
남은 이를 위로한다

이제야 영원한 쉼터로 돌아왔다고

양로원

젊어서 어디서 무얼 하다가
낙조(落照)로 만나
하늘 길 닦는 사람들이 모여 사는 집

파티오(Patio)에서
관절염을 앓는 할머니가
햇볕에 졸고
얼굴에 저승꽃 핀 할머니는
고무호스로 꽃밭에 물을 나르고

더러는 젊은 날 호사가 그리워서
오드리 헵번의 모자를 쓰고
그레이스 켈리의 선글라스를 끼고
비비안 리의 구두를 신고
빛바랜 추억 한 자락씩 밟으며 간다

천국의 문에 들어가는 건
순서가 없다든가
트럼프 카드 패로 희망을 엿보던
가장 젊은 할머니
이 세상에서 이름을 묻던 날

담장의 넝쿨장미
울먹울먹 조화로 피어나고
대문 옆 마호가니(Mahogany)
만가(輓歌)를 부르는데
추억을 내려놓는 할머니들
침묵이 무겁다

* 파티오(Patio) : 보통 집 뒤에 있는 테라스.

이타가(Ithaca)로 가는 길

아들아
구월의 청아한 바람이
가을 냄새를 실어온다

굽이굽이 도는 길가
구릉마다 노랑 들꽃이 지천으로 피어
아예 숲을 이루었구나

차선을 따라 조심스럽게 달려오는
노란 색 학교버스
오래 전 노란 버스에 오르던
네 모습이 생각난다

우리 인생도 버스처럼 경계선을 지키고
가끔씩 브레이크를 잘 밟아준다면
별 탈 없는 삶이 될 것을
오늘에야 새삼 깨닫게 된다

아들아
너도 이 길을 꽤 여러 번 오고 갔을 터,
그때 너는 무엇을 보고 느꼈느냐

들에 핀 꽃 한 송이
새 한 마리에도
생명의 소중함을 느꼈느냐
온 정성 받들어 가축과 곡식들을 가꾸는
농부의 귀한 땀을 보았느냐

아들아
네가 머물고 있는 이곳은
곳곳마다 인디언의 발자취인데
정작 그들은 보이지 않고
피부 색깔을 가리지 않는 새들만
하늘을 날고 있구나

이 산야를 누볐을 선량하고 늠름한 원주민들은
어느 날 무례한 침입자들에게 밀려 삶의 터전을 빼앗긴
냉엄한 역사의 질곡을 너는 아는지

아들아
낯선 곳에서 혼자서
외롭고 힘든 시간을 보냈을 너를
걱정하고 그리워하던 몇 년이 왜 그리 길던지

나는 안다
너를 만나는 설렘으로 밤잠까지 설치며 달려가지만
돌아오는 길엔 더 큰 그리움을 안고 오리란 것을
나는 이렇게 많은 생각들에 파묻혀
네가 있는 이타가로 가고 있구나

* 이타카(Ithaca) : 미국 뉴욕주 북부에 있는 작은 도시.

반 고흐(Van Gogh)의 그림 앞에서

밤하늘에 불꽃 터뜨리는 별들
바람에 밀려가는 구름
꿈틀거리는 햇살 속으로 빨려가는 나무들

절망의 빛은 노랑이었나요
고통의 빛은 파랑이었나요

절망의 순간에도 붓은 춤춰
파란 하늘을 숨쉬고
노란 밀밭을 걸었던
열정은 외로움의 샘이었나요

외로움이 화폭을 흔들 때
까마귀 나는 밀밭으로 달려가
외로움을 몽땅 던져버린 이

밤하늘의 별이 된 외로움
맑은 영혼을 뿜어내
지금 나와 함께 나누고 있습니다

불면

등을 끄고 누우면
소리 없이 다가오는 인연들

객지서 대학을 졸업한 아들아이가
귀환을 이날저날 미루고 있어
가슴엔 무서리가 내리고

서울의 기숙사에서
감기에 걸려 집밥이 먹고 싶다는
열아홉 살 딸아이
기침은 멎었을까

열다섯에 시집와서
층층시하 어른들 다 받들고
여섯 자식에게는 뼛골까지 내어주어
닳고 닳은 삭신이 삐거덕거려
한 발짝 걸음도 힘든
구순의 어머니

일개미인들 그렇게 부지런할 수 있을까
삭아진 검불 한 줌으로 남아

실낱같은 숨소리에도 떨리는
아버지가 서럽다

시든 꽃으로 매달려
이제는 햇빛도 눈부셔 눈을 감고
미풍에도 이리저리 흔들리는 언니 오빠들

홀로 꽃그늘에 갇힌 밤
너무 외로워
어둠 속으로 침몰하려 하면
무성하게 피어나는 꽃송이
흩어져 내리는
아침노을이 어지럽다

십자수

시간
그리움
외로움
촘촘한 구멍에 가두기 위해
한숨 가닥 실타래를 올올이 풀었다

가슴에 핏물 가득 고일 때
빨간 장미 몇 송이 피어났고
그리움 재 한 줌으로 뿌려지는 날
까치 몇 마리 울었으며
설움이 눈꺼풀에 매달릴 때
머루 알이 까맣게 익어갔다

고향이 가슴에 들어와 앉는 날
산자락에 집 몇 채가 들어섰고
푸른 숲 그늘에 쉬고 싶을 때
마을 앞 정자나무가 심어졌으며
시린 바람이 가슴에 일렁일 때
뭉게구름이 외롭게 떠다녔다

비켜설 수 없는 외로움도
로렐라이 노래로 들려오던
국제선 저 쪽 목소리를 그리워하는 일도

햇살이 서쪽 하늘에
붉은 꽃을 심고 있는 것도
밤하늘에 별님이 놀러오는 것도
다 잊고 지냈다

마이너스 2의 돋보기를 눈에 매달고
일 년 삼백 육십 오 일
어둠이 없는데도 별은 무수히 빛났고
둥둥 북소리도 멀리서 들려왔다

그제야 가슴에 성호를 긋고
십자수 아름다운 그림을 고이 접었다

크리스마스 즈음에

벽난로 앞, 흔들의자에 몸을 묻고
눈을 감으면
눈보라 속 맨발로 달려오는 아이들

성냥불빛에 나타난
할머니 환영을 붙잡고
하늘나라로 간 성냥팔이 소녀
소원이던 루벤스의 그림을 보면서
플란더즈의 개를 껴안고
성당바닥에서 죽은 네로

자신을 담을 수 있을 만큼
큰 장바구니를 메고
달려오는 예닐곱 살의 짐꾼
발가락이 다 드러난 신발을 끌고
자기 키 만큼 큰 골프백을 메고 앞서가던 아이

모진 겨울을 이겨낸
빨간 열매 호랑가시나무 리스가 마중하는
문 앞에서 서성이네

반짝이는 은촛대에 불을 환하게 밝혀도
난롯불이 빨갛게 타올라도
녹지 않을 아픔이여

전나무 크리스마스트리의 향기가 가득하고
흥겨운 크리스마스 캐롤이
쉬지 않고 흘러도
마르지 않을 슬픔이여

잘 구워진 칠면조와
달콤한 크리스마스 케익이
식탁위에 차려져도
채워지지 않을 배고픔이여

눈밭을 헤매는
늑대의 긴 울음소리 끝자락처럼
한 해의 끝물을 서럽게 하는 이야기들

이제는 정말로 떠나보내야지
길 잃지 않게
등불 환하게 밝혀 줘야지
잘 가라 얘들아

그리운 사람

돌아오지 않는 바람따라
숲속으로 멀리 떠난 사람

눈 시린 오월 날빛
만장처럼 펄럭이던
아카시아꽃 하얀 물결

겁 많고 길눈도 어두운 사람
가보지도 않은 아득히 먼 길
혼자 어찌 떠났을까

벚꽃 자지러지던 길에서도
개나리꽃 흐드러진 기슭에서도
꽃보다 먼저 보이던 반가운 사람

마지막 헤어지던 성수동 플랫폼
철길의 소실점처럼
고운 화석이 된 사람

지금 어느 별에 머물고 있나요

하늘로 가는 길

해 저문 노을 속
마음도 넉넉한 만월을 타고
자유의 나라로 가시는 길

이별의 고통은
땅에 남겨 놓고

구십 년 굽이굽이
서린 한
버리고 버려서
얇디얇은 나래옷 입으시고

구속과 유폐의 땅을 떠나
평안의 집으로 가셨구나

부디 돌아보지 마소서
부디 돌아보지 마소서

작별

아침이면 뜨락에서
마주치는 로빈새야
그리운 이의 입김처럼
속살거리는 나뭇잎들아
철마다 향내 펴 올리는 꽃들아

가야 할 때도 모르고
올망졸망 영글어가는 열매들아
내 가슴에 아픈 멍울로
농익을 고추들아 토마토들아

찰스강의 물결이 가슴을 치고
올라오는 저녁
방안까지 놀러온 달빛도
보스톤의 야경도
가등처럼 걸려 눈이 아린데…

거리거리마다 새겨진
자유 독립을 향한 폴 리비어의
절박한 말발굽이
가슴을 찍어대는데…

이별의 순간부터
그리움으로 맴돌 보스톤(Boston)아

* 폴 리비어(Paul Revere) : 보스톤의 은 세공업자로 메사추세츠 통신 위원회의 연락담당자. 1775년 4월 18일 밤부터 19일 새벽까지 말을 타고 찰스타운에서 렉싱턴까지 25Km를 달려 영국군이 '자유의 아들' 지도자를 잡으러 가는 것을 알렸다.

재회

어머니
먼 길 가시는 길
배웅도 마다하시고
홀연히 떠나시어
어찌 청산에 누워 저를 만나십니까

당신 보러 오는 길
파란 하늘엔 잠자리 한가로이 날아다니고
숲길의 노란 산국화와 하얀 구절초는
어머니의 꽃밭입니다

구십여 년 넘나들던
부침의 삶을 마감하고야
당신이 그토록 그리워하시던
고향 하늘을 보고 누우니 행복하십니까

어린 날 푸른 벌판을 뛰놀던
저 와룡의 산천이 보이십니까
고된 시집살이마저 그리워하시던
그 마을이 내려다보이는 산허리에 누우니
이제 그리움이 조금 풀리셨습니까

그토록 그리워하시던 어머니도
이제 만나보셨습니까
가시는 날까지 가슴에 품었던
피난지 방공호에서 굶어 죽어가던
까만 눈망울의 첫돌 아들은 만나보셨습니까

어머니의 떠난 소식을 먼 타국에서 듣고
날마다 울던 가슴
여기서 이제야 풀어놓습니다
얼마나 더 아파야 그리움은 끝나는지요
어머니 너무 보고 싶습니다

아버지

부와 명예는 뜬구름
의식주마저 경계하여
단 하루
단 한 번도
호사를 꿈꾸지 않고
흐르는 물처럼 사셨던 분

세상이야기는 지나가는 바람
의심도 거짓도 없이
세상 셈법과는 먼 백면서생이셨지

자식들에게 욕심 부리지 않아
잔소리 큰소리 없이
몸으로 바른 생활하셨던 분

시집간 딸집에 평생 한 번
어디 가시던 길에
십 분도 채 안 되는 시간에
딱 차 한 잔
그것마저 빚으로 여기시던 아버지

어느 날
당신 살에 어둠 내리고
빈터와 균열이 생긴 뼛골은
아프다고 울었습니다

너울거리던 주사 줄이
당신의 고통을 읽어내지 못했고
이별도 묶을 수 없었습니다

평소 말 한 마디도 아낀 탓일까요
말의 자유를 잃고
음식을 삼킬 수 없던 당신이
날마다 눈빛으로 엮던
절절한 언어는 무엇이었을까요

청정한 솔 한 그루
맑은 대나무 바람으로 사셨던
당신의 잔잔한 미소가
너무 그리워서
당신의 빈 방에 머물 수가 없습니다

아이들과 에이즈(Aids)

1
채워야 할 꿈도 없이
절망으로 지워지는 삶 때문에
날마다 하늘 문을 두드리는 작은 천사들

뼛골에 새긴 가난
들풀처럼 살아도
살아남을 수만 있다면
사막의 어린 왕자가 되리

길모퉁이 노천 장례식장에 놓인 작은 관
꺼내보지도 못한 꿈을 관에 넣고
시든 꽃송이로 먼 길 떠나네

깃털처럼 가볍게
바람처럼 빠르게
잊혀질 작은 아이들

홀로 빛나는 제단 위의 십자가

2

눈물방울로 사막에 뿌려져
새벽안개처럼 사라진 아이야

네 눈물로 나무가 자랄 수 있다면
너는 나무가 될 수 있을까
네 꿈으로 꽃을 피울 수 있다면
너는 꽃이 될 수 있을까

사랑하기도 전에
타들어가는 꽃은 되지 마라
늘 목말라
시름시름 앓는 나무는 되지 마라

정말로 사람은 되지 마라
너를 어둠 속으로 데려간
가난과 병이 사라질 때까지는
사람은 되지 마라

아이야
별이 되어라

날마다 꿈꾸는 별이 되어라
밤마다 빛나는 별이 되어라

이별

마음에 담아둔 사람을
비워낸다는 것이
얼마나 큰 슬픔인지

가을 빛 고운 한낮은
어디로 가고
뻘 같은 어둠 속은
얼마나 넓고 깊은지

시간에 얹었던 언어들은
얼마나 허망하고
부질없는 것들인지

사랑은 사무치는 외로움의
시간이어라
긴 세월 묵히고 삭혀
그리움이 되었나니

변방의 파수꾼

변방의 파수꾼으로도
늘 씩씩하던 그대
오늘 갓 집 떠나온
병사의 스산함을 보네

욕심 같은 것 놓아버리겠다고
날마다 주문을 외우던 그대
아직도 놓지 못했는가
오늘 그대에게서 쓸쓸함을 보네

찬바람에도 흔들리지 않던
겨울나무 그대
오늘 미풍에도 흔들리는
여리디 여린 봄 가지를 보네

가슴에 칼날을 겨누어도
울지 않던 그대
오늘 삭정이에도 아파하는
슬픔을 보네

중심을 돌지 못하고

평생 외롭게 떠도는 떠돌이별
오늘 그대에게서
서러움을 보네
서러움을 보네

오늘

뽑고 뽑아도 살아남는 잡초
먼 후일 내게 무엇으로 남을까
질긴 그리움일까

햇빛만 보고도 저절로 익어
마당 가득 단내 쏟아내는 망고
달콤한 행복으로 남을까

라임나무 하얗고 작은 꽃송이 바라보며
마시는 차 한 잔의 호사는
언제까지나 입안의 향기로 맴돌까

가는 줄기가 휘어지도록
오글오글 달려있는 노란 대추야자
그 때에도 가슴에 심어져
언제나 따고 싶은 열매로 달려 있을까

실바람에도 흔들리는
가지 끝에 집을 짓고
그네를 타는 가시나무새
그 때에도 내 가슴에 집을 지을까

성근 철조망 담장사이로
보이는 나일강의 물결
언제까지 내 가슴에
일렁이는 파문으로 남을까

오늘
머물지 못하는 시간을 본다
그리움의 씨앗을 본다

친구

나이보다 의젓하고 웃자란 큰 키
웃으면 살짝 드러나는 덧니가 귀여운 내 친구는
외로움을 잘 타서
자기보다도 작은 내게 어리광을 부렸다

만수원 오솔길
나무 냄새 속으로
이야기 속으로
빨려 들어가던 시간들
사는 법도, 셈도 모르던 그 나이
우리는 무엇을 꿈꾸고 아파했을까

네 생일
노란 카레밥
맑은 하늘과 구름이 담겨있던 연못
연못가를 메꿨던 노랑꽃 창포
무르익는 봄 풍경 너머 고요한 노을빛
지금도 또렷한 그 기억은 그리움이었음을

지구 어느 한 구석 머물다 와도
늘 어제 같은 모습으로

오늘의 이야기로 풀어내는 담담함
이순을 넘긴 오늘까지
갈 길이 정해진 기차처럼
한 번도 일탈을 꿈꾸지 않고
제 갈 길로 가는 너
때론 아프고 외로워 내가 아프고 마는 친구

먼 곳에 있어도
내 마음에 머무는
너와의 동행은 행복하구나

친구 - 화답시

이선희

소리 내서 웃는 모습을 본 적이 없는
볼우물이 파일 만큼만 배시시 웃는
눈비음할 줄도 모르고
이끗도 어둑한
반백 년 전에 만난 내 친구

왜 아픈지
어떻게 해야 낫는지 모르는 아픔을
견디는 친구가
또 있다는 즐거움으로
만수원 구석구석을 헤매다가
벤치에 앉아서 나누던
그 이야기들이 몹시 궁금해진
지금
너를 보면 오늘도 아프다

어리광을 잘 부리는 본디 나를
기억하는 네가 있다는 것
나보다 조금 어린
나이 많이 먹은 사진첩

처음 카레라이스를 맛본
첫 틴 에이지 생일날 사진에
갈래머리 너의 얼굴이 있다는 것
외로움 한 구석 팔아버릴 수 있는
소중한 재산이지

앞 뒤 책상에 앉아
잉크를 나누어 쓰던 시절을 지나
치열했던 삶의 저물녘
글이라는 교집합의 울타리 안에서
다시 세상을 마름질하는 우리
친구라는 이름이 부끄럽지 않으이

바라는 것이 있다면
우리의 유년의 뜰에 그 때 그 나무들이
쉬임 없이 자라고 있듯이
우리도 죽을 때까지
자랄 것이야
손톱만큼씩이라도

* 눈비음 : 남의 눈에 들기 위해 겉으로만 꾸미는 일.
* 이끗 : 재물의 이익이 되는 실마리.

유년의 뜰

뽀얀 솜털을 달고
작은 눈과 입으로
세상을 만나던 어린 아이가 있었다

같은 마음으로
같은 눈으로
함께 보던 아이가 또 있었다

잘 가꾸어진 나무들로 가득한 만수원
우리는 몇 번쯤이나
오솔길을 오고 갔을까

목련의 하얀 자태는 왜 그리 빛났는지
수수꽃다리 향기에 왜 그리 취하고 싶었는지
무엇이 단풍나무를 그렇게 불타게 했는지
하얀 눈이 내려도 전나무는 왜 그리 푸르렀는지

몇 겁의 인연이기에
서로에게 그렇게 이끌려
내 삶의 진한 그리움으로 남았을까

깊어진 세월의 주름 너머
하늘로 가는 징검다리
함께 손잡고 가고 싶은 친구
내 유년의 뜰을
지금도 걷고 있다

얼룩

돌아가신 지 9년 만에
내게로 온 어머니 옷 두 점

바위의 마른 이끼처럼
어머니 손등의 검버섯처럼
앞자락에 남아있는
거무스름한 얼룩

끊임없이 풀려나오는
실꾸리의 실처럼
바지런하고 야무진 손은 어디로 갔을까

아침에는 단추를 끼우지 못하는 아픔으로
저녁에는 단추를 풀지 못하는 외로움으로
쩔쩔 매시던 그 시간의 흔적

붙박이가구처럼
민들레꽃처럼
언제나 그 자리를 지키시던 어머니

오늘도 내 마음에
낙관으로 찍힌 슬픈 자국
남은 내 시간을
뜨끔뜨끔 되새김질 할 아픔이여
되돌리기로 듣고 싶은 당신의 음성이여

그대의 뜰 1

그대 뜰에 씨줄날줄
올올이 엮어 놓은 꿈
그대 안에 피우던 촛불마저
꺼버린 바람
그리고 또 바람…

먹빛으로 가라앉은 가슴
그래도 인연의 수레바퀴
날마다 식초에 상처 식혀내고

그대는 사랑의 파수꾼
맨발로 얼음산을 걸은들 마다하랴
머리를 뽑아 짚신을 삼은들 아까워하랴

그러나 그대의 빈 뜰
다시 꿈 심고 꽃 피우기
홀로 너무 지치고 외로워
날마다 마음에 내리는 눈

그 구름 흩어지면 맑은 창공인 것을
사랑, 상실, 미움, 고통, 절망…
바람에 날려 보내소서

그대의 뜰 2

거친 바람이 휘젓고 간 자리
어지러운 꽃자리
그대의 뼈를 깎은 눈물이 자란 뜰

이미 꽃향기는 산산이 흩어졌거늘
바람의 눈 보지 못하고
아직도 서성이고 있네

꽃잎 하나
나뭇잎 하나마다
아픈 살점 하나씩 떼어주고
바람으로 들끓는 하루를 비워내면
또다시 채워지는 사막 같은 하루

살얼음판 한가운데서
길을 잃은 그대
길이 막히면 돌아가면 될 것을
왜 일찍 내 것이 아니라고 버리지 못했나

밤안개 내리는 그대의 뜰
아무것도 보이지 않네

마음자리

마음 펴낸 그 자리
정이 고이면

정든 그 자리
밀물 같은 그리움이
길을 내면

날마다
드나드는 이

별처럼 다가와
바람처럼 사라지는 이

그리움이 남는 자리

3부
우리들의 이야기

어머니가 문고리 옆에 심어놓은
코스모스 단풍잎 은행잎
날마다 가을이 들락거렸다

창호지문

밀풀을 흠뻑 마시고
햇살로 빳빳하게
다림질한 하얀 창호지문
어머니 무명치마폭에서
배어나던 그리움이다

닥나무 생살 베어지던 아픔
찬물에 담그고 삭혔어도
아직도 군데군데 남아있는 생채기

어머니가 문고리 옆에 심어놓은
코스모스 단풍잎 은행잎
날마다 가을이 들락거렸다

여름 불볕은
비취 같은 서늘함으로 밀어내고
겨울 햇빛은
불씨 묻어둔 질화로처럼
따사하게 끌어 당겼다

조그만 광창으로
내다본 별 총총한 밤하늘
요지경 속 신비한 동화나라

겨울이면 바람으로 울던 문풍지
밤새워 긴 시름 풀어내면
어느새 아침 햇살
문살에 걸고 있는
창호지문

첫사랑

풋내기 귓불에 속삭이던
바람 한 점
어느새 가슴에 스며든
작은 불씨 하나

타는 듯 마는 듯
꺼져버린 불꽃
어쩔 줄 몰라 당황하다가
남은 재 치워내니…

몰래 남은 불씨 하나
풀꽃 같은 그리움
그것이 사랑인 줄은
오랜 뒤에 알았네

아파트

나무와 바위와 흙과 풀을
잡아먹어야 태어나는 아파트
따사한 햇살을 솎아내고
이웃의 사랑도 가로막는
시멘트벽은 절벽보다 더 높다

하늘에 더 가까이 다가가도
마음은 더 내려앉고
불꽃을 깔아놓은 밤은
불꽃만큼이나 많은 아픔이 자라고 있다

흘러가는 한강이 산골짝 얘기를 전해줘도
북악산 한 자락이 손짓해도
가슴엔 풀 한 포기 자라지 않는다

오늘도 변두리의 흙과 풀을
게걸스럽게 먹고 있는 철근이
소음을 쏟아내고 있다

쑥뜸을 뜨며

회색의 시멘트로 포장된
문명의 탑 속에서
나는 여울진 삶의 손금위에
신단(神壇)을 차린다

쑥 기둥에 불을 지펴 분향하면
연기는 허공에
불줄기는 핏속에 스며든다

달구어진 몸으로
쑥과 마늘로 석 달 열흘을 기다렸던
곰 할머니를 만나러 간다

당신의 피는 정말로 진하여라
사천 년이 지난 지금에도
구석구석에 흘러
아픈 뼛속을 다독이고
응어리를 풀어주나니

웅녀할머니
신단수에 내려와 흠향하고

당신 닮은 딸의 손 마주잡고
악귀를 다 거두어 주신다

청소

게으름이 쏟아낸 흔적
눈길 자주 그곳에 머물고
마음이 찝찝해도
나는 그냥 지켜보리라

한 열흘 그렇게
게으름의 무게를 꾸역꾸역 늘리다가
어느 날
비가 와서 울고 싶어지면
수탉꽁지 같은 빗자루로 탁탁 쓸어내고
빗물에 헝겊 적셔
상처 자국을 지우듯 닦아내리라

그렇게 야단법석 떨다 지치면
게으름을 걷어낸
맑은 창으로 다가가
무심한 빗방울을 추억처럼 세리라

해오름의 땅

푸른 물결을 차고 떠오르는
일출의 시간이 좋아

해변에도 산자락에도 넘치는
솔수펑이 좋아

나무들의 울음소리로 들리는
갈바람 소리가 좋아

먼 길 달려가던 목마름
이제야 어렴풋한
첫새벽으로 다가온다

주전골 오색 약수터
남대천으로 돌아오는 연어떼
어성전 계곡의 물소리
미천골 들꽃과 들풀이 어우러진 그 자리
시간을 가두고 싶은
내 그리움의 원점

* 솔수펑 : 소나무가 우거진 수풀.

지천명(知天命)

나날이 침침해지는 눈
늘어가는 주름이 서러워지는
지천명의 턱 앞에서 서성이고 있다

오십이 되어서도
무엇을 해야 할지
내 자리가 어디인지
변별력은 다 자라지 않았는데
성질 급한 건망증은 나를 차지한지 오래

이것을 한탄하다가도
아, 어찌 이것을 슬퍼할 것인가
하늘의 섭리인 것을

길다 짧다
많다 적다
곱다 밉다
그것은 다 인식의 차이일 뿐
그것에도 너그럽게 사는 것이 지천명이 아니겠는가

빨래

가슴에 그리움이 멍울로 잡혀
안개비처럼 울고 싶은 날
빨래를 한다

바람 부는 세상을 기웃거리며
여기저기 묻히고 돌아온
허물 사이사이를 헤엄쳐
티끌 든 흔적을 말끔히 지우는 하얀 방울들

풋풋한 해초처럼 떠오른 옷이
공중에 매달려
파득파득한 새 모습으로
세상 밖으로 다시 나가고 싶어
그네질을 하고 있다

어느새 맑게 헹궈진 내 마음을 입고

약수

천년을 넘나드는
선법사 예불소리에
처마 끝 풍경이 실눈을 뜬다

즈믄 해 가부좌 튼 마애불
약합 내밀어
바위고랑을 흐르는
억겁의 세월을 마시라 한다

퍼내도 또 퍼내도
고이는
싯달타의 샘물

두 손 합장하여
한 움큼
탐 진 치를 씻어볼거나

방황

갈 곳 없는 마음
길 잃은 바람처럼
허공을 헤맨다

타는 불도
흐르는 물도 아닌 것이
흘렀다 태웠다 한다

무엇을 태우며
어디로 흘러가려는가

보이지도 들리지도 않는 어둠 속

비에 젖으면 내려앉을까
눈 내리면 묻혀질까

아득히 먼 별이 되고 싶은 걸까

허공에 발을 두고
한없이 두둥실 오르기도
천 길 낭떠러지로
뚝 굴러 떨어지기도…

성황당 이야기

금성골 고갯마루
소원은 늘어 수북이 쌓인 돌무덤

어린 딸을 산에 묻은
아버지의 숨죽인 울음소리
돌무덤을 뚫고
구천까지 파고들어
바람이 불면
울음소리로 들린다지

돌 틈 사이 풀꽃에
하얀 나비 팔랑팔랑

꽃도 나비도 딸로 아른거려
나비를 쫓아가다
벼랑길로 떨어져 죽은
아버지의 이야기가 묻혔다지

오늘 나비 한 마리
그날의 이야기를 물고 나풀거린다

이 봄에도
돌무덤 사이
꽃이 피고 나비가 날고 있을까

훈련소 연병장

사나이 야성
담금질하는 문으로
그들이 들어옵니다

어젯밤 내린 비로 질척이는 황토 빛 연병장에
멋대로 부는 바람처럼
그들 젊은 야성은
구속의 굴레를 거부하고
달아나고 싶어 합니다

친구들도 따라와 등을 토닥이며
파이팅을 외쳐줍니다

아들 앞에선 눈물 같은 것
보여줄 자유마저 없는 이 땅의 아버지들은
침묵으로 이별합니다
그저 어머니들의 애끓는 당부들만
여기저기 메아리로 흩어집니다

늦깎이 스물다섯 내 아들
고뇌의 흔적이 박힌 창백한 이마에 금을 긋고

마침내 눈물을 보입니다
미루고 미룬 의무의 부채에
더 이상 저항할 수 없는 눈물을

다른 세상으로 떠밀려가는 아들의 눈물을
바람이 달려와 닦아주고
아픈 이별의 당부도 삼켜버립니다

다 떠난 황톳빛 연병장에
그들이 남기고 간 미련과 낯선 불안이
내 가슴에 윙윙거립니다

산사의 밤

고향을 떠나 산에서 헤엄치는 목어
하늘까지 올라가
메아리로 남고 싶은 종소리

산자락을 덮는 저녁노을
날짐승 미물들
급히 찾아가는 보금자리

밤새 뒤척이는 바람
갈잎이 뒹굴고
풍경이 울고
산짐승이 앓는다

깊은 밤에도
들숨 날숨을 넘나드는 스님의 명상
아직 괴로움의 바다를 건너지 못했는가

깨어있으라는 가르침을
여여한 달빛은 알까
긴 밤 홀로 바깥세상을 밝히고 있다

하늘 공원

하늘 공원에 가면
하늘은 보이지 않고 억새만 보인다
바람도 빠져나갈 수 없이
빽빽이 모여 있어도
외로움을 채울 수 없어
더 가까이 다가가려고 뒤척인다

하늘 공원에 가면
하늘은 보이지 않고 사람만 보인다
마주 보고 웃어도
손잡고 걸어도
허물 수 없는 거리
그곳엔 그리움이 살고 있다

하늘 공원에 가면
아무것도 보이지 않고
하늘만 보인다
억새랑 사람을 불러주고
외로움으로 떠도는
홀씨를 안아주는 하늘만 보인다

이순(耳順)

말도 생각도
길을 잃고 헤매고 있다

힘차게 누비던 상상력의 바퀴살은 휘어지고
제 칸을 지키던 기억력의 바퀴살은 흩어진다

내 걸어온 길의 기억들이
바람 한 번에 산산이 쪼개지고 말 것처럼
머릿속이 숭숭 비어 간다

단어 하나도 떠올리기 벅차
마주한 남편과
또는 친구와 함께
스무고개 수수께끼 놀이를 하고 있다

간수할 능력이 떨어지니
젊은 날엔 비수로 꽂혔을
남이 던진 말
저절로 흘러 떠나니
늙음의 축복이 아닐까

세월

낡은 기왓장에 스며든 이끼
언제이던가
저 푸른 빛 심어진 날이

황혼을 붙들고 있는 기둥에
드러난 나이테
빛바랜 단청에
남아있는 연꽃 향기

즈믄 해 거쳐간 이들
지금 어느 곳에 있는고

머물다 간 길손 다시 오지 않은들 어떠리
길 떠난 새들 돌아오지 않은들 어떠리
깊은 산골짜기 산울림도
하늘에 떠돌던 구름도
돌아오지 않는 것을

산그늘에 숨어드는 노을 밟고
나를 쫓아오는 바람
바람도 외로운가 보오

판문점

사람도 강토도
헐벗고 신음하는
휴전선 저 너머
멀고 먼 땅

금 하나 그어 놓고
청춘의 시간을 묻어둔
병사가 적과 마주서 있다

밀려서도 밀려가도 안 되는
팽팽한 눈동자와
절박한 숨소리

오직 구름과 바람과 새만이
자유로운 이곳

마중 나온 사람을 따라
임진강을 건너 우거진 수풀 사이
돌아올 수 없는 다리와
판문각에서 북한군 병사를 처음 본
그날

두려움에 떨던 시간들을 밀어내던
미군클럽의 감미로운 음악과 웃음소리
세상에서 가장 위험한 곳을
안전지대로 착각했던 것은
태풍 속, 핵의 고요함 때문이었을까

11월의 매운바람 사이로
젊고 키 큰 군인이 걸어온다
그날처럼

가슴을 할퀴는 바람
억새와 낙엽이 휘적휘적 울고 있다

청령포

풀숲에 누운 새소리
외지고 낯선 땅에 떠도는 바람소리
바람을 껴안고 찰랑이는 강물소리
어미를 찾고 있는 새끼들의 울음소리

모두 울음소리로 들렸네
아내와 누이와 백성들의 통곡
사육신의 피울음으로

이리 보아도 산
저리 보아도 산
물이 가둔 깊은 땅에
어린 왕을 가두었네

강물은 건널 수 없는
은하수로 흘러
오직 별보고 달보고
소나무와 말하였네

날마다 조약돌을 씻는 강물이
그날의 아픈 피도
씻고 또 씻는구나

눈물 나는 한 생애를
강물에 묻고
별빛으로 흐르는 영혼
오늘도 울고 있는
바람이여
강물이여

* 청령포 : 강원도 영월 단종의 유배지.

탈춤

1

탈을 벗어라
무엇이 부끄러운가

말뚝이 상좌 목중 미얄
모두모두 나오너라
얼쑤 덩더쿵

세상이 변했다
답답한 탈을 벗고
신나게 한바탕 춤을 추어라

눈 시린 일
아니꼬운 일
비아냥거리지 말고
그저 확 풀고 추어라

2

탈을 써라
백성의 돈을 훔친 자
성을 돈으로 사고 판 자

위선을 떨며 교언영색하는 자
모두 모두 나와 탈을 써라

피리를 불어라
장구를 쳐라
북을 두드려라
꽹가리를 쳐라

부끄러운 줄 알고
제발 탈이나 쓰고
춤을 추어라
얼쑤 덩더쿵

3
탈을 쓰고
온 몸이 젖고
숨이 막힐 때까지
춤 추고 싶어라

아직까지 내 안에 남아있는
아픈 응어리…

다 날려버리자
얼쑤 덩더쿵

탈이 너무 많아 무겁구나
이래서 이 탈 쓰고
저래서 저 탈 쓰고
이리저리
오래오래 헤맸구나

이제 탈을 벗어야지
민낯이 드러날 때까지
부끄럽지 않은 민낯으로 살아야지

이말산에서

오직 주군(主君) 위해 살다간 목숨
이말산 숲속에 잠들어
잎새들 지나가는 계절을 읽고 있네

비바람의 세월에 뿌리 뽑혀진 비석들
주인 잃고 뒹구는 목 잘린 망주석들
내시인지 상궁인지 알 수가 없네

무너진 봉분 위에 서있는 고목 아래
혼백인들 남아있을까
낙엽 속에 파묻혀 지나간 세월 한탄하네
궁에서 못 태운 나머지 생

죽어서도 멀리 떠나지 못하고
궁궐 보이는 산자락에 누웠으나
시야 가린 아파트 숲
바람으로 그리움 전하네

* 이말산 : 서울 은평구 진관동에 위치한 산. 조선시대의 공동묘지로 사용되었는데 특히 상궁 내시의 무덤이 많다.

소꿉놀이

반짝이는 사금파리에
빗금 그어놓은 유년

솔솔바람을 타고 내려온
따가운 햇살에
까맣게 탄 이마

먹거리를 찾아
뒤란으로 텃밭으로 꽃밭으로

댓돌에서
툇마루에서
감나무 아래에서
꽃잎 풀잎 흙으로 차린 밥상

괭이밥 씨방에서
터져 나오는 씨알처럼
자꾸만 튀어나오던 웃음

노을이 하늘가에 맴돌 때까지
소꿉놀이 멈추지 못했던 뜨락

머리카락에 내려앉은 서릿발
이마에 주름진 세월에도
오늘은 무얼 해먹을까
감자조림… 멸치볶음…
어떤 그릇에 담을까

오늘도 나의 소꿉놀이는
멈출 수 없이 계속되고 있다

행복한 사람들

지금도 어머니가 살고계시는
도래솔 향기 가득한 선영 산자락에
홍매화 가득 피워
가슴에 봄을 심는 그대는
행복한 사람

백마강 물소리에 세월을 묻고
올곧은 백제 후손으로
궁남지 맑은 향기 품은 연꽃처럼
자비로운 선비로 사는 그대는
행복한 사람

겨우내 입덧하던 산비탈에서
만난 봄나물
잊었던 봄노래 튀어나오고
유년의 그리움을 캐는 그대는
행복한 사람

강경 바다냄새 실어온 생선회
강바람을 불러 온 붕어찜
나무순 가득한 봄밥상

잔에 넘치는 동동주
친구 어머님 정성 먹는 그대는
행복한 사람

부여에서 날라 온 기름내음이
우리 집 한가득 넘실대는 날들
입속에 감도는 미나리 씀바귀 쑥향기에
봄날이 즐거운 그대는
행복한 사람

* 도래솔 : 무덤가에 죽 둘러선 소나무.

4부
모래 바다에서
빙하의 하늘길까지

모진 세월의 풍파
회교도의 박해
귀 잘리고 코 뭉개지고 팔다리 떨어졌어도
싯달타는 미소로 답하고 있네
이심전심의 진리로

바베이도스(Barbados)

아득한 세월 저편
태초의 빗장을 풀고
조물주의 비밀을 들려주는 바람
천지개벽의 그날 이야기는 끝이 없어라

수정으로 가득 채운 바다
갈맷빛으로 속삭이고
은모래 누워 쉬는 해변
어머니 품처럼 아늑하고 고요하여라

하늘 가득 빛나는 햇빛과 구름
서로 숨바꼭질하고
서로 닮은 바다와 하늘
얼싸안고 마주 보네

거리거리마다 마호가니, 야자나무
바람이 부는 대로 흔들리고
이름 모를 꽃향기 사방에 흩날리네

뜨는 별 뜨는 대로
지는 별 지는 대로

가슴에 품고 보는 별천지 세상이여

* 바베이도스(Barbados) : 카리브의 섬들 가운데 동쪽 끝에 있는 서인도 제도의 독립국가.
* 갈맷빛 : 짙은 초록 빛깔.

요트 클럽(Yacht Club)

바다에 떠 있는 하얀 집
멀리 떠나고 싶어
물바람에 몸을 흔든다

에머럴드 숲 사이
훌라잉 휘시(Flying Fish) 떼
물오른 탄력으로 뛰어올라
포물선을 그리면
푸른 등줄기에 내리쏟는 물보라의 폭음

은모래 두꺼비집 짓고
밥도 반찬도 짓는 소꿉놀이에
행복한 아이들의 웃음소리
모래밭에 구른다

뒹굴다 지친 아이들
바다를 향해 뛰어가면
환호하는 파도

식민지시대 영국인의 휴양지였던 곳
지금은 백인도 흑인도 동양인도 아닌

오직 아이들만 있을 뿐이다

* 요트클럽(Yacht Club) : 바베이도스의 해변 이름 중 하나. 영연방이었을 때 영국인들이 요트를 정박했던 곳이다.

샌디래인 비치(Sandy Lane Beach)

억겁의 세월
고요히 가두고
물빛으로 흐르는 외로움
아직도 천 년 만 년
더 젖어 울어야 할 그리움이네

은빛으로 누운 산호
바다가 씻고 씻어
아기의 속살로 키웠네

깊은 시름 고요히 삭힌 바다에
드러누운 저녁 해
하늘도 구름도 바다도
다 황홀한 꽃밭이네

끝이 보이지 않는 바다로
밀려가는 신음소리
새 울음도 함께 따라가는 거기
그리움도 함께 가라

* 샌드래인 비치(Sandy Lane Beach) : 카리브해 바베이도스 서쪽 해변.

사막에서

목마른 흙먼지
바람에 날리고
강물도 뜨거워
꿈틀거리는 하오

배고픈 낙타가
가시나무에 입 맞추는 땅

구름도 삼켜버린 마른하늘에
떠도는 까마귀 신음소리
수액을 다 짜낸 뿌리가 흔들려
까맣게 타들어가는 꽃잎들

검불 같은 그리움도
너무 무거워
낙타방울에 매달아 보내고

그늘 어디쯤에서
맑은 물소리
한번 더듣어 보았으면

스틸 밴드(Steel Bands)

나이 많은 흑인처녀가
후미진 골목에 누워
전쟁터로 떠난 병사의
군화소리를 그리워하고 있다

큰 가슴 열어
헛바람 잔뜩 들이키더니
순박한 섬 총각의 눈에 불꽃을 당긴다

용암이 끓어오르는 소리
출렁대는 파도소리
불꽃 타는 소리
사랑을 속삭이는 소리

발목에 쇠고랑 매달고
사탕수수 단내 키우던 할아비의 아픔도
탯줄에 매달린 아프리카의 슬픔도
카리브 바다에 다 씻고
영혼이 울리도록 부르는
사랑노래는 슬픈 것이 아니구나

카리비안 총각과 빈 석유드럼통의
달구어진 사랑
박수치고 춤추는 사람들
야자수 그림자 길게 누운
밤이 짧다

* 카리브해(Caribbean Sea) : 미국의 남부 해안과 중남미 대륙, 서인도 제도의 많은 섬들로 둘러 싸여진 맑고 깨끗한 바다.
* 카리비안(Caribbean) : 카리브 해의 섬에 사는 사람들.
* 스틸밴드(Steel Bands) : 1940년 무렵 트리니다드에서 처음으로 시작되었다. 버려진 오일 드럼통을 망치로 두드려 각각 다른 소리가 나도록 만들어 악보 없이 즉흥적인 리듬 감각으로만 연주하는 악단임.

모헨조다로(Mohenjo-daro)

땅이 끓어올라 녹을 듯
활활 타오르는 열기
흙먼지 뒤집어 쓴 야자나무

무너지고 부서진 채
흙먼지로 덮힌
크고 작은 십자로 길
물길, 우물…
구운 벽돌집, 집회소, 대중목욕탕…

문명을 일구던 처음부터
하늘의 두려움을 아는 지혜
그 제단에 서서
오천 년 전의 하늘을 본다

따뜻한 손길이 닿아 아직도 숨 쉬는 토기
거센 불길 속을 견딘 벽돌의 강인함
예리한 칼끝으로 그날을 새긴 인장들

누구이기에 아득한 그날들에
이토록 세련된 문화생활을 하였을까

어느 날 모두
흔적만 남기고 사라진 사람들
그날도
달과 별은 뜨고
해는 붉었으리

인더스(Indus) 문명의 발상지, 모헨조다로
흙바람이 쓸고 간 폐허
영고성쇠의 무상함은 여기서부터 시작되었던가

* 모헨조다로(Mohenjo-daro) : 기원전 2600년경에 건설되었던 인더스 문명의 고대도시로 현재 파키스탄 신드에 위치해 있다.

탁실라(Taxila)

지구의 천정 파미르고원 옆 탁실라에
불교의 큰 뜻을 구현한 아쇼카왕
알렉산더대왕 카이버 계곡을 따라
희랍의 손재주를 남겼구나
싯달타의 모습인가, 그리스 신의 위용인가

중국으로 건너간 탁실라 대승불교
성에 덜 찬 현장법사 심오한 불도 찾아
높고 험한 힌두쿠시를 넘고
작은 반도의 혜초는
무엇을 구하려 먼 길 왔는가
예수의 제자, 토마스는 왜 왔을까

아리안, 페르시안, 그리스, 회교도들이 침범한 이곳
불교와 기독교 그리고 이슬람교가 만나
마음껏 피웠던 문화

회교도 되어 불상 부셔버린 탁실라 후손들
지금은 또 다시 가짜 불상 만들어
빵과 바꾸고 있네
그리스인이 만든 불상도 현세인의 불상도

부처의 뜻도 알라의 뜻도 아니리니…

싯달타는 아직도 그곳에 있네
역사의 소용돌이도 성자를 내쫓지는 못했네

모진 세월의 풍파
회교도의 박해
귀 잘리고 코 뭉개지고 팔다리 떨어졌어도
싯달타는 미소로 답하고 있네
이심전심의 진리로

* 탁실라(Taxila) : 인도 북서쪽의 고대도시 파키스탄의 라왈핀디에 있는 고대도시. 간다라(탁실라가 있는 파키스탄 북서부 지역) 불교의 중심도시.

하늘길 길목에서

훈자로 가는 길 멀고도 험했네
가파른 계곡을 따라
꼬불꼬불 카라코람 하이웨이
천 길 낭떠러지
군데군데 흙더미 덮치고
굴러 떨어진 바위
여기저기

빙하가 녹아 흐르는 계곡을 지나
하늘길 따라
바람길 따라
찾아간 훈자 골짜기

2500년 된 마을에 900년이나 번성했던 왕국
그날처럼 그 자리에 소리 없이 서있는
알티드 성과 발티드 성

그날의 숨소리 들려오고
못다 한 이야기는 바람으로 풀어낼 뿐
가을이 사락사락 꽃처럼 익어가네

멀리 만년설 이고 서있는 산봉우리
구름이 오락가락 하늘을 날고…
시공을 넘나드는 이곳
흘러가는 세월을 붙잡아 무엇 하리

자연으로 사는 삶
천수를 누리는 이곳이 천국이네

* 카라코람 하이웨이(Karakoram Highway) : 카라코람 산악지대를 통과하여 공식 고도가 해발 4693 미터에 이르는 쿤자랍 고개를 가로 질러 중국과 파키스탄을 연결하는 도로.
* 훈자(Hunza Valley) : 파키스탄 연방 통치 길기트와 니가르 사이에 존재하는 계곡으로 훈자의 평균 고도는 2438 미터이다.
* 알티드 성(Altit Fort) : 900년 된 훈자 왕국의 성.
* 발티드 성(Baltit Fort) : 800년 된 훈자 왕국의 성. 현재 박물관으로 쓰이고 있다.

타지 마할(Taj Mahal)

지아비의 지고한 사랑
무덤에 잠재우고
영원한 이별의 눈물방울
보석꽃으로 피어나
그리움의 노래를 읊었으리

이십 년 세월 바쳐
하얀 대리석에 보석 꽃 하나하나
애절한 사랑도 새겼으리

순종과 지혜로 수발든 아내
외로운 전쟁터
난산으로 이별한 아내
보석궁전에 고이 잠드니
죽었어도 행복하여라

흘러넘쳐도 모자란 사랑
제왕의 도를 넘어
아들에게 쫓겨나
아그라성에 유폐된 샤 자한

강 건너 보이는 타지마할 그리워
유폐된 여덟 해
코란의 암송으로
그리움의 연가
자무나 강물에 띄웠으리

죽어 다시 만난 사랑
더 영원하리
하얀 대리석에 박힌
보석 꽃의 영롱함보다도

* 타지마할(Taj Mahal) : 무굴 제국 황제인 샤 자한이 아내를 기리기 위해 지은 영묘.
* 샤 자한(Shah Jahan 1592-1666)무굴 제국 5대 왕.

인다(Indha)에서

허공을 가르는 알라
모스크의 기도소리
하늘에 닿아 구름이 흩어지고
땅에 퍼져 풀잎을 깨운다

밀림이 쏟아내는
맑은 바람
향기로운 숨소리에
온갖 망상은 헛되고 헛되다

숲 속을 날렵하게 오가는 멧돼지
해거름엔 무리지어 산보 나오는 원숭이
내 키만큼 도마뱀
길까지 나와 꾸물꾸물 기웃기웃
도시는 이미 원시시대로 돌아가 있다

야생란 꽃향기에 노래 실은 허밍버드
발코니에 날아들고
한밤의 빨랫대는
독수리, 올빼미 번갈아 찾는 쉼터

자유로운 몸짓
고운 노래로
오선지를 그리는 무지개빛 앵무새들

인간만이 이 땅의 주인이라고 말하지 말자

* 인다(Indha) : 말레이시아 수도 쿠알라룸푸르에 위치한 밀림이 인접한 동네 이름.

키웨스트(Key West)

물결마다 푸른 빛
넘실대는 바다에
산호 점점이 뿌려놓았네

마흔 두 개 다리
하늘 길로 달려가니
구름타고 날아가는
삼장법사 부럽지 않아

형형색색의 꽃숲에 둘러싸인 마을
담장에는 고양이들
골목에는 꼬꼬닭들
거리에는 나그네들
모두가 어우러져 자유와 낭만을 누리고 있네

헤밍웨이가 살던 집
그 때 그대로 숨 쉬고 있는 타자기
지금은 '누구를 위하여 종을 울리고'있을까
아직도 '킬리만자로의 눈'을 그리워하고 있을까

노을 한 자락 아쉬움 남기고

내일 '태양은 다시 떠오른다'지
'노인과 바다'의 남은 이야기를 들려주려고

* 키웨스트(Key West) : 미국 플로리다 반도에서 남서쪽 바다로 뻗어 있는 플로리다 키스(Florida Keys)는 마이애미 지역에서 키웨스트까지 수많은 섬들로 구성되어 있으며 40여개의 다리로 연결되어 있다.
* 어니스트 헤밍웨이(Ernest Hemingway) : 1899년 7월 21일 미국 시카고에서 출생하여 1961년 7월 2일에 작고한 소설가.

월든 호수(Walden Pond)

맑은 하늘을 고요히 담고
살며시 달아나는 바람도 붙잡아
잔잔한 물결로 가라앉히고
새소리 벌레소리도 빨아들인다

수천 년을 찰랑거려도
언제나 제 깊이만큼만 채우는 호수
문필가 철학가 가슴에 흘러들어
사유의 근원이 되었네

세 평 남짓 오두막에서
시시각각으로 변하는 자연에
귀 열고
눈 맞추며
먹기 위해
땀 흘리고 고기 낚는
무위자연에 삶을 맡겼던 사람

오늘도 자연을 사랑하고
물욕을 멀리하는 사람들의 순례로
반짝이는 호수

세속의 단맛에 길들여진 삶에
월든 호수는 속삭인다
자신의 삶을 살라는
헨리 데비드 소로의 멧세지를

* 월든 호수(Walden Pond) : 미국 메사추세츠 주 콩코드에 위치한 호수.
* 헨리 데이비드 소로(Henry David Thoreau) : 1817년 7월 12일 미국 메사추세츠 주 콩코드에서 출생해서 1862년 5월 6일 사망한 미국의 철학자, 시인, 수필가.

참새의 고향

담쟁이가 짙푸른 손도장을
빈틈없이 찍어놓은 시멘트벽
닥지닥지 달라붙은 참새의 집
길 찾기도 힘든 달동네로 얹혀 있다

오랜 세월을 맨발로 살아온
거친 뿌리는
그들의 살가운 터전

아침 햇살을 퍼 나르는
어미의 바쁜 날갯짓
연한 부리로 햇살을 쪼개는 새끼들

흩어진 나무 가지의
스산함을 떠나
그리운 이들끼리 살을 부비고 싶어
도심으로 터전을 옮겨
사람을 닮아가는 참새들

모여서 험담하는 사람 냄새가 싫어
공부하는 사람들 곁으로 온 것일까

이방 하늘 외로운 떠돌이 별
시린 가슴 녹여내는
새소리 머무는 곳
미국 메사추세츠(Massachusetts) 주
워터 타운(Water Town) 도서관

노바 스코시아(Nova Scotia)

지척도 안 보이는
안개비가 내리는데
등대의 불빛은 보이던가

대서양 껴안는 노바 스코시아에
배는 닻을 내리고
나그네를 쏟아놓는다

지붕꼭대기의 위도우(widow)창
뱃사람 남편의 무사한 귀환을
등대의 마음 되어 밤을 밝히는데

더러는 영혼만 돌아오고
더러는 돌아오지 않고
더러는 일확천금을 안고 돌아오고…

이제는 먼 시절의 이야기
집집마다 전설 담고
나그네 반기는데

옛 슬픔 도져서
이곳의 최고 요리 바다가재
목에 걸려 넘어가질 않는구나

* 노바스 코시아(Nova Scotia) : 캐나다 남동부에 있는 주.
* 위도우 창(Widow Window) : 뱃사람으로 일하러 나간 남편을 기다리는 아내들의 방에 만든 창.

마사이 전사

가축을 지키러 하늘에서 내려온 후예들
사나운 맹수를 찾아
긴 막대기를 휘두르며
혼신을 다해 껑충껑충 뛴다

주술 같은 노랫가락
마법사 같은 붉은 망토에
펄럭이는 숙명

마른 검불 한 줌 위에
아카시아 나무막대 비벼
불 피우는 일
영혼을 부르는 기도처럼 간절하다

하늘에서 내린 소를 보살피고
소피와 우유를 마셔 힘을 얻고
최고의 손님에겐 소피를 정중하게 대접한다

소똥을 짓이겨 만든
부엌도 뒷간도 없는 단칸방
벽에는 우주로 통하는 작은 구멍 하나

세상으로 향하는 작은 출입문 하나

하늘의 음성을 들으며
순천하는 그들처럼
내 귀도 열려
하늘의 소리 한번 들어봤으면…

* 마사이 전사(Masai Warrior) : 동아프리카 유목 부족의 젊은 청년으로 부족과 가족을 맹수로부터 지키는 용맹한 집단의 사람들을 뜻한다.

'만큼'의 평화

마사이 마라(Masai Mara)에서

1

드넓은 사바나(Savnna)에는
작은 개미 큰 코끼리
순한 임팔라 사나운 사자
모두 함께 산다

배가 고파야만 평화가 깨지는
누군가 죽어야 평화가 찾아오는
비정함이 법칙인 그곳

사자가 숨찬 소리로 달리고
죽음을 알리는 외마디
약한 자의 서러운 눈

약한 것이 강한 것을 먹여 살린다

2

짧은 비명소리에
잠이 깬 아침

약한 자의 슬픔으로
차려진 사자의 밥상 언저리

피를 묻히지 않고
배를 채우려 기다리는
또 다른 무리들

강한 것이 약한 것을 먹여 살린다

초원을 쓰다듬고 지나가는 바람
그래서
탐욕하지 않는
만큼의 평화가 있다

* 마사이 마라(Masai Mara) : 케냐와 탄자니아의 국경지대에 있는 케냐의 국립공원.

세이셸(Seychelles)섬

낮에도 별들이 둥둥 떠다니는 바다
검은 점박이 상어가
물길을 열어
인도양을 껴안는다

맹그로브 무성한 숲
물고기들의 보금자리
쏟아내는 햇빛에 익어가는 하얀 모래
노랫가락으로 들려오는 바람소리

남녀의 은밀한 곳을 닮은 코코넛이
부끄럼도 없이 매달려 있다
아담과 이브의 나신처럼

천년을 산다는 알다브라 거북
하늘을 부르는 울음소리
시공간을 허물어
잠자는 원초를 깨운다

이 섬에 맨 처음
발을 디딘 이의 발자국을 따라가면

그날에도 오늘 같은
하늘빛
바다빛이었을까

* 세이셸 섬(Seychelles) : 약 115개의 섬으로 이루어진 인도양 서부의 공화국.
* 알다브라 거북(Aldabra Giant Tortoise) : 세이셸 섬에서 서식하는 육지거북으로 세계에서 가장 크고 가장 오래 산다.

낙타와 사막

긴 목이
하늘만 바라보아서일까
별만 바라보아서일까
맑고 큰 눈은
언제나 먼 곳을 향해 열려 있다

육중한 몸을 꿇어앉아
바위 같은 등을 주인에게
정중히 내어주고 길을 나선다

고삐의 손때만큼 길들여진 낙타가
모래 둔덕을 밟고 간다
지평선 위 하늘을 걸어간다

후손에게 그대로 물려줄 운명 속으로
화살보다도 빠른 빛의 용광로 속으로
앞을 가늠할 수 없는 모래바람 속으로

혹 속의 지방만큼
등짐의 무게만큼
외로운 침묵의 시간

두 겹의 속눈썹으로
날리는 모래를 밀어내며
바람이 덮은 새 길을
뚜벅뚜벅 앞만 보고 걸어간다

신기루를 몇 번쯤 지나야
오아시스를 만날 수 있을까
아무리 멀어도 낙타는 뛰지 않는다

사하라와 돌

감출 곳도
가릴 것도 없는 벌거벗은 땅
바람도 외로워 울고 있구나

사막의 긴 밤
떨고 있는 별빛과 달빛
급강하는 기온에도
모질게 살아남아
먹이를 찾아 헤매는
짐승, 벌레들, 파충류들

절절 끓는 모랫벌
더 내줄 것도 없는 땅에
웅크린 가시덤불
땅바닥으로만 기는 풀들
모래 속에 켜켜이 쌓이는
외로운 시간들

물결치는 모래바다에 누워
바람에 말리고
햇빛에 구워내고

추위에 얼어서
동글게 닳아진
행성 닮은 작은 우주

은하를 건너
멀고 먼 여기까지 온
긴 이야기 듣고 싶구나

* 사하라(Sahara) : 북쪽은 아틀라스 산맥 및 지중해, 서쪽은 대서양, 동쪽은 홍해와 접해 있다.

비극의 땅 다르푸르

수 십 만의 살과 피로
모래와 풀이 울던 땅
오가는 평화유지군의 지프차 소리에
아직도
놀라는 풀과 나무와 새…

아랍인과 아프리카인의
인종, 종교, 언어, 문화를 무시한
제국들의 횡포로 그어진
땅따먹기 국경이 잉태한
증오가 묻힌 곳

하루에 다섯 번
이마가 땅바닥에 찧도록 하는 기도도
막지 못했다
독재 권력과 잔자위드 민병대가
저지른 대학살

모래 위에 흘린 피
아직까지 땅속에 머물고
젊은 영혼 바람 되어
떠도는 하늘가

아이들의 해맑은 미소
공포, 가난, 질병에 시달려도
참혹한 전쟁만은 피하고 싶은 간절함

바람에도 찢어질 종잇장 같은 평화
성근 구멍으로 달아날 그물 같은 평화에
아직도
바람이
들꽃이
그리고 내가 울고 있다

* 다르프르(Darfur)아프리카 수단의 서부지역으로 대학살이 자행되어, 약 40만 명이 사망하고 200만 명 이상의 난민이 발생하였다.
* 잔자위드(Janjaweed)북부 아랍계 이슬람 민병대로 수단 정부가 잠재적으로 지원했다.

시집 해설

삶의 원심력과 서정의 구심력

| 김정필 시집 해설 |

삶의 원심력과 서정의 구심력

— 김정필 1시집의 작품세계 —

문학평론가 리 헌 석
사단법인 문학사랑협의회 이사장

1.

〈천 년을 넘나드는/ 선법사 예불소리에/ 처마 끝 풍경이 실눈을 뜬다〉는 구절을 읽으며 김정필의 시에 매료되었던 때를 기억한다. 서정적 거리로 보이는 '천 년' 동안 예불소리가 그치지 않은 고찰(古刹), 그 고찰의 처마 끝 풍경(風磬)이 부처님처럼 실눈을 뜨고 있다는 은유가 범상하지 않아서다. 이어 〈밤바람 출렁이는 목척교를 건너/ 카바이트 등 헤아리며/ 야시장에서 사온 수밀도〉라는 구절의 '목척교'가 정서적 주체와 객체 사이에 공감의 교집합을 이루어서 더 관심을 가진 것 같다.

김정필 시인은 재외(在外) 공관에서 생활하는 외교관의

배우자여서, 그를 소개한 이선희 시인을 통하여 작품을 감상하고, 시인에 대하여 부분적으로 이해하게 되었다. 그의 고향이 대전이라는 점, 두 시인이 중학교 동창생이라는 점, 고등학교를 대전에서 보내며 우정을 나누었다는 점, 각각 대전과 서울의 대학에서 국문학을 전공하였다는 점 등 공통점을 확인하게 되었다. 그래서 그의 시에 나타나는 '목척교', 지금은 사라지고 없는 '만수원'에 대한 추억 등의 정서를 공유할 수 있었을 것이다.

김정필 시인이 작품 100여 편을 모아 1시집 『바람의 뜰』을 발간하면서 해설을 요청하여, 독자들보다 먼저 그의 작품을 정독하였다. 때로는 꽃이 피고 지는 것과 같이 섬세한 감동을 공유하기도 하고, 미풍에 속삭이는 새소리와 같은 감동을 공유하기도 하고, 때로는 바람의 세기가 달라져 허리케인처럼 감정선을 흔드는 정서를 만나기도 하였는바, 이를 간략하게 정리하고자 한다.

솔밭을 바삐 오가며
꿀벌처럼 온몸에
꽃가루 묻혀오시던 어머니

바람에 흩어지는 꽃가루를
제삿날
다식판에
매화 국화 연꽃을 심으셨지

눈에서 꽃 피고
입에서 꽃이 지던
그 밤

송화 가루 분분히 날리는
이방 하늘에
그리움으로 맴도는 어머니

— 「송화 가루」 전문

13행의 단형에도 불구하고, 김정필 시인의 삶과 서정을 집약하여 담아낸 대표작으로 보아도 무리가 없다. 작은 제재라도 구체적 묘사와 서술을 통하여 수십 행의 긴 시를 지을 수도 있고, 다양한 이야기를 담고 있는 제재라도 비유와 상징으로 간결하게 결구할 수 있는데, 김정필의 이 작품은 후자를 선택한 것이다. 그의 대부분 작품에서 보이는 중장형(中長型)의 작품과는 다른 성향을 띠고 있다.

1연의 〈솔밭을 바삐 오가며/ 꿀벌처럼 온몸에/ 꽃가루 묻혀오시던 어머니〉는 묘사적이면서 비유적인 심상이다. 초여름 바람이 불 때 송화 가루가 노랗게 흩날린다. 물이 고인 장독대의 뚜껑마다 노란 가루가 가라앉게 마련이다. 그러나 송화다식을 만들기 위해 송화를 채취하려면, 바람에 날리기 전에 덜 피어있는 송화 송이를 꺾어 와야 하고, 그 송화 송이를 말린 다음 톡톡톡 흔들어서 가루를 모아야 한다. 시인은 이러한 상황을 사실적으로 표현하지 않고, 고도의 은유를 활용한 1연처럼 간결한 미적 구조를 생성한다. 2연의 〈바람에 흩어지는 꽃가루/ 제삿날/ 다식판에/ 매화 국화 연꽃을 심으셨지〉는 송화다식을 찍어내는 과정의 묘사이고, 3연의 〈눈에서 꽃 피고/ 입에서 꽃이 지던/ 그 밤〉은 눈으로 보고, 입으로 먹던 추억을 간결하게 승화한 절창(絶唱)이다.

그러나 이 작품은 4연의 결구(結句)를 통하여 시인의 독자적 위치를 확인하게 한다. 〈송화 가루 분분히 날리는/ 이방 하늘에/ 그리움으로 맴도는 어머니〉를 통하여, 그는 송화 가루 날리는 이방(異邦)의 풍경을 바라보고 있는 서정적 자아를 구체화한다. 동시에 어머니에 대한 그리움과 추억까지 되살려낸다. 우리의 전통, 외국의 풍광에서 비롯된 그리움이 모티브로 기능하지만, 이 작품은 시집 『바람의 뜰』을 관류(貫流)하는 한국적 정서가 중심축이다.

2.

김정필 시인의 작품 100여 편에는 '어머니'에 대한 정서가 중심을 이룬다. 누구에게나 어머니는 사랑의 주체이고, 그래서 아련한 그리움을 생성하게 마련이다. 김정필 시인 역시 어머니의 희생적 사랑, 어머니에 대한 자신의 그리움, 때로는 어머니에 대한 속죄 의식 등을 여러 작품에 다양하게 그려내고 있다.

그는 어머니를 추억할 때, 일감(一感)으로 '바느질'이 떠올랐던 듯하다. 현대의 자녀들에게서는 '바느질'과 어머니의 상관관계가 아예 없거나, 있어도 미약할 터이지만, 50대 이상의 자녀들에게 '바느질'은 어머니와 할머니의 대유(代喩)로 기능한다. 「어머니와 바느질」에서 시인은 〈마음 심어 고운 명주를 짜는〉 '어머니의 소망'을 추억하기도 하고, 〈사르르 잡히는 명주 잘라/ 작은 바늘로/ 한 땀 한 땀 바치는 정성〉을 '어머니의 기도'로 승화시킨다. 이렇듯이 어머니를 사랑과 정성의 원천으로 수용하는데, '도라지꽃'

을 모티브로 형상화한 '모성의 아름다움'이 오롯하다.

밤새 별바라기 하고
오가는 바람에 흔들려
산비탈에서 피는 기품

남보라빛 초롱에
별빛 모아
밤 밝히는 눈밝음

새벽이슬로 세수하고
흩어지는 마음 모아
맑은 언어로 바치는 기도

어머니가 뒤란에 숨겨둔
해묵은 백도라지
막내딸 나이만큼 되었다고
귀히 여기셨는데
아픈 이웃이 약에 쓴다하니
선뜻 내주시던 넓은 사랑

이승과 저승을 넘나드는 그리움
어머니 환생처럼 반가운 그대여

— 「도라지꽃」 전문

이 작품의 1~3연은 모성(母性)과 도라지꽃의 속성을 비유적으로 대입한 것이다. 그러나 4연에서는 어머니의 이웃사랑이 아름답게 직조되어 나타난다. 〈어머니가 뒤란에 숨겨둔/ 해묵은 백도라지/ 막내딸 나이만큼 되었다고/ 귀히 여기셨는데/ 아픈 이웃이 약에 쓴다 하니/ 선뜻 내주시던 넓은 사랑〉은 어머니의 인격을 한층 높이는 그리움이다. 뒤란에 심어 몇 년, 혹은 십몇 년이 되었을 백도라지를 이웃의 약으로 선뜻 내주시던 어머니의 이웃사랑은 시인을 비롯하여 독자들에게도 삶의 본보기가 되었을 터이다. 그러기에 시인은 그 사랑을 가슴에 묻어두었을 것이고, 어떤 계기에 의해, 시로 빚어져, 독자의 가슴에 공감의 메아리를 전파하는 것이다.

그리운 어머니를 추억하면서 시인은 저승의 어머니와 이승의 도라지꽃을 일체화한다. 그리하여 도라지꽃은 〈어머니 환생처럼 반가운 그대〉로 자리한다. 시인은 어머니의 편지를 보면서 절절한 그리움에 젖는다. 〈그리움/ 먹을 갈아 삭이고// 두꺼운 돋보기 너머/ 하얀 종이가 딸로 보였다는 어머니〉에서 〈조선 여인으로 사시는 어머니〉를 떠올린다. 그러나 조선의 여인으로 사는 어머니의 삶은 인고의 세월이었을 터이다. 〈열다섯에 시집와서/ 층층시하 어른들 다 받들고/ 여섯 자식에게는 뼛골까지 내어주어/ 닳고 닳은 삭신이 삐거덕거려/ 한 발짝 걸음도 힘든/ 구순의 어머니〉를 떠올리며, 시인은 아버지에 대한 동일한 정서를 작품에 반영한다.

> 그토록 그리워하시던 어머니도
> 이제 만나보셨습니까
> 가시는 날까지 가슴에 품었던
> 피난지 방공호에서 굶어 죽어가던
> 까만 눈망울의 첫돌 아들은 만나보셨습니까
>
> — 「재회」 일부

눈물로는 도저히 다가설 수 없는 애통함, 아무리 마음을 다잡아도 삭일 수 없을 만큼 먹먹한 작품이다. 평소에 그리워하던 어머니를 만나보셨냐는 물음도 통증을 유발하는 아픔일 터이지만, 소천하는 날까지 가슴에 묻고 살아야 했던 아들, 〈피난지 방공호에서 굶어 죽어가던/ 까만 눈망울의 첫돌 아들을 만나〉보셨느냐는 물음에는 먹먹함으로도 부족한 참담함이다. 시인은 이러한 정서에 어머니를 향한 그리움을 얹는다. 그는 아버지의 소천에 이르러 작품 「재회」를 빚는데, 아버지보다 앞서 소천하신 어머니의 장례식에 참석하지 못하였던 자신의 애상(哀傷)한 정서까지 풀어놓는다. 〈어머니의 떠난 소식을 먼 타국에서 듣고/ 날마다 울던 가슴/ 여기서 이제야 풀어놓습니다/ 얼마나 더 아파야 그리움은 끝나는지요〉 통한의 눈물로 재회를 노래한다.

이와 함께 〈일개미인들 그렇게 부지런할 수 있을까/ 삭아진 검불 한줌으로 남아/ 실낱같은 숨소리에도 떨리는/ 아버지〉의 서러운 삶을 떠올리면서, 시인은 「불면」의 고통을 스스로 감내한다. 〈홀로 꽃그늘에 갇힌 밤/ 너무 외로워/ 어둠 속으로 침몰하려 하면/ 무성하게 피어나는 꽃송이/ 흩어져 내리는/ 아침노을이 어지럽다〉며 평소 말할 수 없었던 내면의 고통을 밝힌다. 이러한 정서는 한국의 토속적 정서와 만나 자기만의 성채를 떠나, 겨레의 절절한 노래로 거듭난다.

금성골 고갯마루
소원은 늘어 수북이 쌓인 돌무덤

어린 딸을 산에 묻은

아버지의 숨죽인 울음소리
돌무덤을 뚫고
구천까지 파고들어
바람이 불면
울음소리로 들린다지

돌 틈 사이 풀꽃에
하얀 나비 팔랑팔랑

꽃도 나비도 딸로 아른거려
나비를 쫓아가다
벼랑길로 떨어져 죽은
아버지의 이야기가 묻혔다지

오늘 나비 한 마리
그날의 이야기를 물고 나풀거린다

이 봄에도
돌무덤 사이
꽃이 피고 나비가 날고 있을까

—「성황당 이야기」 전문

이제는 사라져 찾아볼 수 없는 성황당, 1970년대 새마을 사업으로 전국에서 거의 사라진 성황당이지만, 성황당에는 당산나무가 있었고, 그 당산나무에는 울긋불긋 천 조각이 바람에 날렸다. 지나던 사람들이 돌을 주워 당산나무 아래에 쌓았다. 때로는 그곳이 나그네에게는 이정표 역할을 하였으며, 주민들에게는 토속 신앙의 중심으로 자리 잡아 초하루와 보름에는 거리제를 지내기도 하였다. 그러한 성황당이 사라진 지 오래인데도, 성황당은 김정필 시인의 내면에 깊이 자리 잡고 있다가 어느 순간 갑자기 작품으로 복원된다.

우리 겨레의 민담에는 권선징악의 스토리가 상존하지만, 그 과정에 슬픈 정서가 주조(主調)를 이루고 있다. 서사적 구조로 된 김정필의 「성황당 이야기」는 개인의 성공적인 서정시일 뿐만 아니라, 우리 겨레의 문학적 자산을 확충하는 의미 또한 크다.

3.

김정필 시인은 외교관의 배우자였기 때문에 외국의 삶이 일상이었을 터, 1시집 『바람의 뜰』 4부는 외국 생활에 얽힌 에피소드와 정서, 그리고 외국의 문물에 대한 독자적 해석이 중심을 이룬다. 카리브의 섬들 가운데 동쪽 끝에 있는 서인도 제도의 독립국가 '바베이도스'는 일상에서 인식할 수 없을 정도로 소국이지만, 〈수정으로 가득 채운 바다/ 갈맷빛으로 속삭이고/ 은모래 누워 쉬는 해변/ 어머니 품처럼 아늑하고 고요함〉을 아름답게 그려낸다.

기원전 2600년경에 건설되었던 인더스 문명의 고대도시 '모헨조다로'는 파키스탄 신드에 위치한다. 그들의 문명에 대하여 〈누구이기에 아득한 그날들에/ 이토록 세련된 문화생활을 하였을까// 어느 날 모두/ 흔적만 남기고 사라진 사람들/ 그날도/ 달과 별은 뜨고/ 해는 붉었으리〉라며 유한(有限) 속에서, 무상(無常)의 시심을 길어 올린다. 무굴 제국 샤자한 황제가 아내를 기리기 위해 지은 영묘에서

〈지아비의 지고한 사랑/ 무덤에 잠재우고/ 영원한 이별의 눈물방울/ 보석꽃으로 피어나/ 그리움의 노래를 읊었으리〉 세월을 되짚어 상상의 옷을 입히기도 한다. 그렇지만 자신의 지향과 정서를 융합하여 빚은 작품에서 감동은 배가(倍加)되게 마련이다.

날마다 묵은 살 벗겨내고
푸른 새 살로
아침 이슬에 젖어 우는 나무여

그대 젖은 몸 일렁여
뿜어내는 박하향기 비누향기

세상번뇌에 병든 오장 육부 씻게 하고
욕심으로 엉키어진 피 걸러내는
그대가 나는 좋아라

멀리 멀리
비워내도
아침이면 다시 채워지는
그대 향기
나는 행복하여라

— 「블루검 나무」 전문

불루검 나무(Blue Gum Tree)는 호주가 원산지로 고온의 건조한 지역에서 자라는 나무이다. 습하거나 바람이 불면 향기가 날리는데, 이 향기를 맡으며, 시인도 그와 같은 정서적 향기 역할을 지향한다. 한편으로는 허리케인(Hurricane)에서 삶의 원형을 탐색하기도 한다. 폭풍 전야, 분별 잃은 바람, 쇠 덧문에 부딪히는 바람소리와 빗소리, 인간 세상 짓이기고 쳐부수는 아수라, 그러나 마지막에는 〈언제인 양 웃는 얼굴로 다가오는/ 밝은 햇살/ 맑은 바람〉으로 거듭나는 자연의 순환을 실증(實證)한다. 또한 모래폭풍(Sand Storm)이 지날 때 〈숨을 곳을 찾지 못한 새들은/ 창문에 부리를 쪼아대고/ 풀들은 흙더미〉에 엎드려 피하지만, 금세 되찾는 평형의 모습을 그려내어 '원형이정(元亨利貞)'의 의미를 시에 담아낸다.

때로는 작품 「목화밭에서」 등을 통하여 이국적 서정과 한국적 서정의 융합으로 새로운 정서를 생성(生成)하기도 한다. 〈지천에 피어 풀풀 날리는 이곳/ 바람에 실려 오는 흑인 영가〉 〈밭에 씨앗을 심고 가꾸던/ 견우는 어디에 갔느냐/ 웃음을 따고 물레질하여/ 베를 짜던 직녀는 어디에 갔느냐〉 〈검은 대륙의 탯줄을 타고 온/ 견우와 직녀가/ 눈물의 사랑 엮던 무명천/ 하늘까지 가져가 은하수에 깔았느냐〉면서 두 세계의 융합을 노래한다. 이렇게 안타까운 정서를 환기하면서 이방(異邦)에 사는 사람들의 삶도 눈물겹게 그려낸다.

젊어 어디서 무얼 하다가
낙조(落照)로 만나
하늘 길 닦는 사람들이 모여 사는 집
파티오(Patio)에서
관절염을 앓는 할머니가
햇볕에 졸고
얼굴에 저승꽃 핀 할머니는
고무호스로 꽃밭에 물을 나르고

더러는 젊은 날 호사가 그리워서

오드리 헵번의 모자를 쓰고
그레이스 켈리의 선글라스를 끼고
비비안 리의 구두를 신고
빛바랜 추억 한 자락씩 밟으며 간다

천국의 문에 들어가는 건
순서가 없다든가
트럼프 카드 패로 희망을 엿보던
가장 젊은 할머니
이 세상에서 이름을 묻던 날

담장의 넝쿨장미
울먹울먹 조화로 피어나고
대문 옆 마호가니(Mahogany)
만가(輓歌)를 부르는데
추억을 내려놓는 할머니들
침묵이 무겁다

— 「양로원」 전문

24행의 시를 읽으면서 이제는 어느 정도 익숙해진 한국의 모습을 연상한다. 효(孝)를 중시했던 우리는 '양로원'이나 '요양원'을 경원시하였던 것이 사실이다. 그렇지만, 최근의 추세는 이러한 시설에 모시는 것이 오히려 효도하는 일이며, 앞으로 자신들도 그런 곳에 모셔지기를 소망할 정도로 친숙하게 되었다. 그렇다고 하더라도, 이 작품은 독자들을 슬프게 한다. 〈낙조(落照)로 만나/ 하늘 길 닦는 사람들이 모여 사는 집〉 〈얼굴에 저승꽃 핀 할머니〉 〈빛바랜 추억 한 자락씩 밟으며 간다〉 〈가장 젊은 할머니/ 이 세상에서 이름을 묻던 날〉 〈담장의 넝쿨장미/ 울먹울먹 조화로 피어나고〉 마호가니 나무가 만가(輓歌)를 부르는 정경을 진솔하게 그려낸다. 이는 오로지 김정필 시인에게 주어진 '천부적 달란트'이자 치열하게 살아오며 형성한 '예술적 자질'이다.

4.

김정필 시인은 이방(異邦) 생활에 익숙하였을 터인데도, 정신과 문화적 측면에서 한국의 전통 정서를 잃지 않고 있다. 이러한 자세는 참으로 고마운 일이며, 우리가 본받아야 할 덕목이기도 하다. 이러한 경향은 어쩌면, 그리워해야 할 어머니와 아버지, 그리고 형제와 가족들에 대한 사랑이 크게 작용한 듯하다. 특히 이 시집의 서문 '책을 내면서' 끝 부분에 〈제가 여기까지 올 수 있도록 격려를 아끼지 않은 친구 이선희에게 고마움을 전합니다.〉라는 인사말로 지음(知音)에 대한 고마움을 표현하는데, 이런 마음도 어느 정도 기여하였을 터이다.

김정필 시인의 짧고 간결한 시를 통하여, 시인의 지향(指向)과 내면의 추이(推移)를 확인할 수 있다. 이와 같이 오롯한 마음으로, 삶을 아름답고 애틋하게 노래하는 시의 전범을 만나게 된다.

오렴
가까이 오렴
너에게서 나를 보고 싶다
네 눈에서 나를 보고 싶다

네 눈에 꼬옥 담고 있는 나를 보고 싶다

오렴
가까이 오렴
나에게로 오렴
내 눈에 머물고 있는 너를 보렴
내 눈에 꼬옥 담고 있는 너를 보렴

— 「눈부처」 전문

'눈부처'는 '눈동자에 비치어 나타난 사람의 형상'이다. 마주 보는 사람의 눈에 형성된 영상이기 때문에 서로의 눈에서 자신의 '눈부처'를 만나게 된다. 가까운 사람의 눈을 통하여 〈너에게서 나를 보고 싶다/ 네 눈에서 나를 보고 싶다/ 네 눈에 꼬옥 담고 있는 나를 보고 싶다〉는 소망은 서로 사랑하는 사이, 혹은 서로 신뢰하는 사이의 일이다. 가까운 가족이나 친구, 혹은 연인들과 나눌 지향인데, 이는 주객을 바꾸어 다시 〈나에게로 오렴/ 내 눈에 머물고 있는 너를 보렴/ 내 눈에 꼬옥 담고 있는 너를 보렴〉 속삭일 수 있는 사람이다.

서로 가까운 지점에서 눈을 마주칠 수 있다면, 그리하여 내 눈부처를 상대 눈에서 만나고, 상대 역시 내 눈에서 자신의 눈부처를 만날 수 있다면 이는 최상의 관계일 터이다. 이렇게 눈과 눈이 만나고, 또한 마음과 마음이 만나면, 아름답고 평화로운 세상이 이루어질 것이다. 이러한 의미를 담아낸 철학적 작품에 관심이 집중된다.

마음 펴낸 그 자리
정이 고이면

정든 그 자리
밀물 같은 그리움이
길을 내면

날마다
드나드는 이

별처럼 다가와
바람처럼 사라지는 이

그리움이 남는 자리

— 「마음자리」 전문

이 작품은 쉽게 쓰였을 수도 있지만, 이처럼 간결한 작품에서 철학적 사유를 유추하는 것은 독자들의 몫이다. 마음을 퍼낸다는 말은 '욕심'을 비우는 일이다. 자신의 마음에서 욕심을 퍼내면, 욕심이 있던 자리가 비게 마련이고, 그 빈자리에 정이 고인다는 것이다. 불교의 가르침을 따르면 정(情)도 욕(欲, 慾)과 함께 버려야 할 '오욕칠정(五慾七情)'에 해당한다. 그렇지만 순수한 정에 최상의 가치를 부여하는 시인에게, 정이 든 그 자리가 무엇보다 소중한 법이다. 그 곳에 밀물 같은 그리움이 형성되는데, 이 '그리움' 역시 '삼독(三毒)'에 해당되므로 비워내야 할 것이지만, 시인은 순정한 그리움을 서정의 중심에 두고 있다. 이 그리움이 길을 내면, 그 길을 따라 드나드는 이가 나타나게 마련이고, 순수한 사랑을 지닌 그 사람은 별처럼 다가오기도 하고, 바람처럼 사라지기도 한다. 그리하면 다시 빈자리가 되고, 또 그리움이 찾아와 길을 내면, 또 그 사람이 찾아오게 된다. 이처럼 그리움의 순환 고리는 영원히 반복되게 마련이다.

그렇지만, 김정필 시인은 불교의 교리를 시에 담아내는 것이 아니라, 순수를 지향하는 바탕에서 욕심을 비우고 그리움과 그리움의 객체를 구체화할 뿐이다. 이런 면에서 이 작품은 다소의 논란이 제기될 수도 있겠지만, 많은 독자들로 하여금 김정필의 작품에 집중하게 하는 매력요소가 될 것 같다.

김정필의 1시집 『바람의 뜰』에 수록된 작품을 감상하며, 참으로 많은 이야기가 내재되어 있고, 다양한 감동이 상존(常存)하고 있는데도, 부분적으로 감상하여 미진하였음을 고백한다. 독자들에게 김정필의 전체 작품 일독을 권하며, 김정필 시의 품격 있는 향기에 취하기를 기대한다.

바람의 뜰

김정필 시집

발 행 일 | 2018년 9월 12일
지 은 이 | 김정필
발 행 인 | 李憲錫
발 행 처 | 오늘의문학사
출판등록 | 제55호(1993년 6월 23일)
주 소 | 대전광역시 동구 대전로867번길 52 (한밭오피스텔 401호)
전화번호 | (042)624-2980
팩시밀리 | (042)628-2983
전자우편 | junepkim@hanmail.net
다음카페 | cafe.daum.net/gljang (문학사랑 글짱들)
다음카페 | cafe.daum.net/art-i-ma (아트매거진 아띠마)

공 급 처 | 한국출판협동조합
주문전화 | (070)7119-1752
팩시밀리 | (031)944-8234~6

ISBN 978-89-5669-942-4 03810
값 12,000 원

* 이 책은 ㈜교보문고에서 E-Book(전자책)으로 제작하여 판매합니다.
* 잘못 제작된 책은 바꾸어 드립니다.